10대를 위한 재미있는 경제 특강

움직이는
서재
과거와 현재와
미래를 연결시키는
지식 창고

책과 함께 있다면 그곳이 어디이든 서재입니다.
집에서든, 지하철에서든, 카페에서든 좋은 책 한 권이 있다면 독자는 자신만의 서재를
꾸려서 지식의 탐험을 떠날 수 있습니다. 좋은 책이란, 시대와 세대를 초월해 지식과 감
동을 대물림하고, 다양한 연령들의 소통을 가능케 하는 힘이 있습니다. 움직이는 서재
는 공간의 한계, 시간의 장벽을 넘어선 독서 탐험의 동반자가 되겠습니다.

10

대를 위한
재미있는

조준현(부산대 경제학부 교수) 지음

경제특강

움직이는
서재

10대들의 생활 속에서 건져 올린
살아있는 경제 이야기

"경제, 그게 뭔데?"

"환율, 수지, 금리……. 온통 나와는 상관없는 것들이야."

"수학도 과학도 제대로 못 하는데 경제는 무슨!"

대부분 10대 청소년들은 경제에 대해 이렇게 생각합니다. 그래서 경제를 공부할 필요성을 못 느끼고 아예 경제를 배우려는 시도조차 하지 않습니다. 하지만 경제는 우리 생활과 떼려야 뗄 수 없는 관계를 맺고 있습니다. 우리와 관련된 모든 것이 경제와 연결되어 있기 때문입니다. 아침 식사 때 무엇을 먹을 것인지, 준비물은 어디에서 살 것인지 등 아주 사소한 문제 하나하나가 모두 경제와 관련 있습니다. 그러므로 경제를 낯설어하거나 어려워할 필요가 전혀 없습니다. 경제란 건 사실 주위를 둘러보며 조금만 생각해 보면 아무것도 아니니까요.

경제 = 생활, 개념을 형상화하는 건 어렵지 않아

오늘 아침에 무엇을 먹었나요? 혹시 고기반찬이 없다며 투정 부리지는 않았나요? 만약 그랬다면 어제, 그저께, 아니 일주일 전 반찬을 떠올려 보세요. 요즘 식탁에 어떤 반찬이 주로 올라오는지 생각해 보면 우리 집 경제 상황을 느낄 수 있습니다. 사회, 나아가 국가 경제가 어떠하며 어떻게 변모하고 있는지도 알 수 있습니다. 근래에 흰쌀밥 대신 잡곡밥을 자주 먹는다면 웰빙 열풍과 관련된 건지도 모릅니다. 만약 국내산 소고기 대신 호주산 소고기가 식탁에 올라왔다면 FTA와 같은 무역 활동과도 연결할 수 있겠네요. 한편 생활비 중에서 식생활에 들어가는 비용을 따져 보면, 우리 집뿐만 아니라 사회의 경제 수준도 가늠해 볼 수 있습니다. 이처럼 밥상에 올라오는 반찬 하나만 보더라도 수많은 경제활동과 연결되어 있습니다. 경제라고 해서 거창한

게 아니라 우리 생활 하나하나와 맞닿아 있다는 걸 알 수 있죠.

이 책을 읽으면서 우리가 생활 속에서 무심코 지나치고 있는 경제활동에는 어떤 것들이 있나 생각해 보세요. 책의 내용을 따라가다 보면, 어떤 경제 개념 혹은 경제 이론이 우리 생활과 연결되어 있는지 자연스레 알 수 있습니다. 그리고 청소년들이 기억해 두면 좋을 만한 개념과 이론들이 생활 속에서 어떤 식으로 우리 생활에 적용되는지 안다면, 자신의 경제생활도 되돌아보고 앞으로의 계획도 세울 수 있을 겁니다.

10대, '경제독립인'으로 내딛을 시기
· ·

경제는 왜 배워야 할까요? 돈을 많이 벌기 위해서? 부자가 되기 위해서? 우리가 경제를 배워야 하는 이유는 단순히 돈을 '많이' 벌고 '많이' 모아 원하는 걸 '많이' 사기 위해서가 아니라 경제독립인으로 거듭나기 위해서입니다.

다른 친구들보다 용돈을 넉넉하게 받는데도 늘 돈이 모자란다면 뭐가 문제일까요? 매달 동생과 함께 저축을 하는데도 동생보다 돈이 덜 모인다면? 경제 신문도 읽고 뉴스도 보지만 실제로 내가 어떤 경제활동을 하고 있는지 모른다면? 문제는 경제를 배워야 한다는 분명한 목표가 없다는 데 있습니다.

우리가 경제를 배워야 하는 이유는 바로 경제독립인으로 성장하기 위해서입니다. 경제독립인이란 가진 돈에 맞게 쓸 줄 알며, 절약하고, 저축과 투자를 하면서 자신의 경제생활을 적극적으로 이끄는 사람을 말합니다. 경제독립인은 자기 삶의 주인이 되어 행복한 생활을 영위합니다. 이 책이 지향하는 지점도 바로 여기에 있습니다. 우리 청소년들의 생활과 경제 지식을 밀착시켜 그들이 꼭 알아야 할 경제 개념과 이론을 자연스럽게 익힐 수 있게 하였습니다. 그래서 어른이 되어서는 스스로 경제생활을 계획할 수 있게 도와줄 것입니다.

지금부터 집, 학교, 세상 속에서 일어나고 있는 다양한 경제 이야기를 찬찬히 음미해 봅시다. 소소한 일상에서부터 범지구적으로 이루어지고 있는 경제활동까지 들여다보면, 세계경제 속에서 움직이는 나의 모습을 찾을 수 있을 겁니다.

집에서 만나는 경제 이야기

Part 1

학교에서 만나는 경제 이야기

Part 2

세상에서 만나는 경제 이야기

보충 특강

계획경제 | 열등재 | 정부실패 | 다양한 세금 | 경제고통지수 | 저축의 날
인플레이션 | 지불 준비금 | J-커브 효과

집에서
만나는
경제 이야기

기회비용 ★ 가격 ★ 비교우위
보완재 ★ 소비자주권

어른들처럼 마땅히 돈을 벌지 않아

경제가 나와는 상관없는 것처럼 보이지만

이미 여러분은 집에서도 수많은 경제활동을 하고 있습니다.

아침으로 무엇을 먹을 것인지, 학교에는 뭘 타고 갈 것인지 등

아주 사소한 문제 하나하나가 나의 경제생활과 관련 있습니다.

과연 나는 집에서 어떤 경제활동을 하고 있을까요?

★기회비용

눈 뜨자마자 선택의 기로에 놓이는 우리

"아빠, 빨리 나와요. 배 아파. 윽!"

아침부터 화장실을 왔다 갔다 요란을 떠는 종석. 가족들은 걱정하면서도 한심스럽다는 듯 종석을 바라본다.

"엄마가 방금 선생님께 전화로 너 오늘 학교 못 간다고 말씀드렸어. 어제 그렇게 꾸역꾸역 먹어대더니."

"돈이 아깝잖아요. 오랜만에 간 뷔페인데 본전은 뽑아야죠. 윽! 급하다 급해! 아빠, 얼른 나와요."

공짜 점심은 없다

모든 경제는 '자원의 희소성'에서 출발합니다. 흔히 희소성 하면 고려청자나 유명한 화가의 그림 같은 아주 특별한 걸 떠올립니다. 하지만 경제에서는 '유한하다'라는 뜻으로 사용됩니다. 우리가 원하는 건 끝이 없죠? 하고 싶은 일도 많고 먹고 싶은 음식도 많을 겁니다. 하지만 이 모든 것을 가지기에는 우리가 가진 자원이 턱없이 부족합니다. 이처럼 인간의 무한한 욕망에 비해 그 욕망을 충족시켜 주는 자원이 부족한 현상을 **희소성**이라고 합니다. 우리가 사용하는 연필이나 공책도 언뜻 보면 부족할 것 같지 않지만 그 양이 한정되어 있기 때문에 희소한 셈입니다.

그렇다면 자원이 희소하다는 건 경제활동에서 어떤 의미를 지닐까요? 공책을 살 때 우리는 어떻게 하나요? 당연히 문구점 아저씨께 돈을 지불해야 합니다. 공책뿐만 아니라 빵을 살 때에도 옷을 살 때에도 상점 주인에게 돈을 지불하는 건 너무나 당연한 일입니다. 이처럼 어떤 물건에 대해 지불하는 대가를 **비용**이라고 부릅니다. 흔히 비용 하면 돈을 떠올리지만 반드시 돈만 비용에 해당되는 게 아닙니다. 경우에 따라서는 일을 해주거나 물건을 교환하는 것 역시 비용이 될 수 있습니다. 중요한 건 "공짜 점심은 없다"는 말처럼 내가 원하는 걸 얻기 위해서는 돈이든 물건이든 일이든 반드시 비용을 지불해야 한다는 사실입니다.

그런데 비용을 지불하지 않고도 얻을 수 있는 자원도 있습니다. 우리가 매일 누리는 공기와 햇볕, 시원한 바람 등이 그것입니다. 이러한 자원들은 유한하지 않기 때문에, 다른 말로 하면 희소하지 않기 때문에 따로 비용을 지불하지 않아도 됩니다. 어느 누구든 자유롭게 가질 수 있죠. 이런 자원들을 두고 경제학에서는 자유재라고 부릅니다. 반대로 연필이나 공책, 빵이나 옷 등처럼 비용을 지불하지 않으면 얻을 수 없는 자원들을 경제재라고 부릅니다.

PC방에 가느라고 숙제를 못 했다고?

혹시 PC방에 자주 가나요? PC방에서 게임을 즐기는 것도 경제재입니다. 비용을 지불해야 하기 때문입니다. PC방 이용료가 1시간에 1,000원이라고 했을 때 어느 정도의 비용이 드는지 생각해 봅시다. 대부분 학생들은 자신이 지불한 비용이 1,000원이라고 생각합니다. 내 호주머니에서 1,000원이 빠져나갔으니까요. 하지만 게임을 하기 위해 드는 비용은 1,000원보다 많을 수도 적을 수도 있습니다. 왜 그럴까요?

1,000원으로 할 수 있는 일은 매우 많습니다. PC방에서 1시간 동안 게임을 할 수도 있고, 1,000원짜리 빵을 사 먹을 수도 있습니다. 또 돼지 저금통에 1,000원을 넣을 수도 있습니다. 그런데 이 모든 것을 포기하고 게임을 했다면 왜 그런 선택을 했을까요?

빵을 사 먹는 것보다 게임을 하는 게 더 큰 효용을 준다고 판단했기 때문입니다. **효용**이란 우리가 어떤 상품을 소비하면서 얻는 만족감이나 행복감을 의미합니다. 더러는 편익이라 말하기도 합니다. 하지만 편익은 효용보다 좀 더 넓은 의미로 사용됩니다. 소비를 하면서 얻는 만족감을 비롯하여 기업이 생산을 해서 얻는 이윤 등 금전적인 것도 모두 포함됩니다.

빵을 사 먹을 것인가 아니면 PC방에 가서 게임을 할 것인가 망설인다면, 이는 빵의 효용과 PC방의 효용을 비교하고 있다고 할 수 있습니다. 하지만 서로 다른 상품의 효용을 비교하기란 말처럼 쉽지 않습니다. 빵의 효용은 맛있고 배가 부르다는 데 있고, 게임의 효용은 신 나고 재미있다는 데 있기 때문이죠. 그래서 서로 다른 상품의 효용을 비교할 때에는 '얼마만큼의 만족을 주느냐'가 판단의 잣대가 됩니다. 그래서 실제로 지불한 돈이 1,000원이라 해도 자신에게 1,500원만큼의 만족을 주었다면 효용이 1,500원이 되는 셈입니다.

이러한 맥락에서 빵은 자신에게 1,300원어치의, PC방은 1,500원어치의 효용을 준다고 해 봅시다. PC방에서 게임을 하기 위해 지불한 비용은 얼마일까요? 호주머니에서 빠져나간 돈은 1,000원이지만 빵의 효용 1,300원어치를 포기했기 때문에 실제로는 1,300원을 지불한 게 됩니다. 자신에게 주는 만족도까지 포함해서 계산하는 거죠. PC방에 가자니 달달한 빵이 아쉽고, 빵을 먹자니 신 나는 게임을 포기해야 합니다. 이처럼 내가 무엇을 선택하기 위해서 포기해야 하는 다른 것의 효용을 경제학에서는 **기회비용**이라고 부릅니다.

그런데 실제로 PC방에 가느라 포기한 건 빵의 효용만이 아닙니다. 일단 소중한 시간을 사용했고, 만약 그 시간에 숙제를 해야 했다면 그 역시 비용이라 할 수 있습니다. 그러므로 꼭 기억하길 바랍니다. PC방에 갔을 때 발생하는 기회비용은 언제나 1,000원보다 훨씬 크다는 것을!

뷔페 요금에 대처하는 자세

　기회비용은 우리가 어떤 선택을 할 때 따져 봐야 하는 게 많다는 걸 가르쳐 줍니다. 그런데 반대로 어떤 선택을 할 때 계산에 넣어서는 안 되는 비용도 있습니다. 그 대표적인 예가 바로 뷔페 요금입니다. 다들 뷔페에 가면 종석이처럼 본전을 뽑기 위해 마구마구 먹어대지요? 배탈이 나건 말건 최대한 많은 음식을 먹으려고 평소보다 무리를 하는 경우가 많습니다. 돈이 아까운 마음에 배가 불러도 더 먹는 거죠. 사실 음식을 더 먹든 덜 먹든 뷔페 요금에는 별 차이가 없습니다. 그 비용은 이미 지불된 것이기 때문입니다. 그러므로 돈이 아깝다는 생각 대신 얼마만큼 먹었을 때 가장 만족스러운지 고민하는 게 훨씬 합리적입니다.

　여기서 뷔페 요금과 같은 비용을 **매몰비용**이라고 부릅니다. 매몰이라는 말에서 알 수 있듯이 이미 묻혀 버린, 즉 이미 지불되어서 다시 회수할 수 없는 비용을 매몰비용이라 합니다. 앞의 예처럼 PC방에 갈까 빵을 사 먹을까 고민하는 건 아직 비용을 지불하기 전의 일입니다. 하지만 PC방 요금이든 빵값이든 이미 비용을 지불한 다음이라면 뷔페에서와 같은 고민은 하지 않아도 됩니다. 왜냐하면 이미 써 버려 물릴 수 없는 돈이 되어 버렸으니까요.

지나간 일은 과감히 잊고 앞으로 무엇을 할 것인가를 생각하라! 매몰비용이 주는 교훈입니다. 배가 부른데도 뷔페에서 음식을 더 먹는 사람은 매몰비용의 교훈을 미처 몰랐나 봅니다. 하지만 소비자뿐만 아니라 기업이나 공공 기관도 매몰비용을 생각하지 않고 어리석은 행동을 할 때가 많습니다.

예를 들어 어떤 기업이 새로운 사업을 시작했다고 합시다. 그런데 그 사업을 계속 진행하면 할수록 적자만 커진다면 어떻게 하는 게 좋을까요? 당장 사업을 중단하는 게 현명합니다. 그런데도 투자한 돈이 아까워 무리하게 사업을 이어가는 경우도 있습니다. 매몰비용을 회수하겠다고 다른 자원까지 낭비해 버리는 거죠. 정부도 마찬가지입니다. 도로를 건설하기 위해 땅을 팠는데 엄청나게 귀한 문화재들을 발견했다고 가정해 봅시다. 이때 이미 지불한 공사비가 아까워 문화재를 훼손하면서까지 공사를 계속하는 게 옳을까요, 아니면 반대로 공사를 중단하고 문화재 발굴에 힘쓰는 게 옳을까요? 무엇이 답인지는 굳이 말하지 않아도 잘 알 것입니다.

핵심 체크!

빵을 사먹을 것인가	고민	PC방에 갈 것인가
배부르다, 맛있다	효용	즐겁다, 신 난다
포기	선택	선택

기회비용 : 빵의 효용, 시간 낭비 등

★가격

엄마가 더 좋아?
아빠가 더 좋아?

"반짝반짝 광이 나네. 내가 닦았지만 완전 예술이야! 아빠, 제가 구두 닦았어요."

구두를 보여 주면서 손을 내미는 수지.

"그래, 받아라! 구두 닦은 값!"

"에이, 조금만 더 줘요."

"저번엔 3,000원 받더니 왜?"

"오늘은 저번보다 더 신경 써서 닦았거든요. 헤헤."

"허허. 이 녀석 봐라. 다음에는 더 받을 기세인데? 어디 무서워서 구두 닦아달라 하겠나! 자, 5,000원이다. 아껴 써야 해."

"오예! 고맙습니다."

그러고 나서 수지는 생각했다.

'다음에는 좀 더 높게 불러야지.'

마셜의 가위

시장에서 물건을 사고팔 때, 사람들은 가격을 가지고 그걸 살 것인지 혹은 팔 것인지를 판단합니다. 이때 **가격**은 모두 알다시피 **수요**와 **공급**으로 결정됩니다. 그런데 이런 간단한 문제를 놓고 경제학자들은 100년 동안 논쟁하였습니다. "가격을 결정하는 건 수요야" "아니야, 공급이 가격을 결정하지"라면서요. 그런 논쟁을 펼치던 중 마셜이라는 영국의 경제학자가 이렇게 말했습니다.

"종이를 자르는 건 가위의 윗날인가, 아랫날인가?"

마셜의 질문에 사람들은 하나같이 대답했습니다.

"당연히 가위의 윗날과 아랫날이 만나서 종이가 잘리죠."

마셜은 가격 역시 이와 마찬가지라고 말했습니다. 수요와 공급이 만났을 때 가격이 결정된다고요. 여기서 '마셜의 가위'라는 말이 나왔습니다.

이렇게 간단한 원리인데 경제학자들은 왜 그렇게 오랜 시간 동안 왈가왈부 논쟁을 벌였을까요? 물론 몰라서 그랬던 건 아닙니다. 다만 무엇이 더 중요한가를 놓고 토론을 벌인 것이죠. 때때로 어른들이 장난삼아 아이들에게 이렇게 묻곤 합니다. "엄마가 더 좋아, 아빠가 더 좋아?" 대답하기 참 곤란한 질문이죠? 가격 역시 마찬가지였습니다. 수요와 공급 모두 중요하지만 그중 어느 것이 더 중요한 역할을 하는지를 두고 오랫동안 고민했습니다.

하지만 지금 우리가 살고 있는 시장경제 체제에서는 수요와 공급 중 어느 하나가 더 중요하다고 말할 수 없습니다. 어느 한쪽이 일방적으로 가격을 결정하는 게 아니라 수요와 공급 모두 가격에 막대한 영향을 미치기 때문입니다. 지금부터 시장경제에서 가격이 형성되는 과정을 살펴봅시다.

빵 가격이 2,000원일 때 팔려는 사람은 100명이고 사려는 사람은 50명입니다. 이런 경우에는 거래가 성립되지 않습니다. 사려는 사람보다 팔려는 사람, 즉 수요보다 공급이 더 많기 때문이죠. 반대로 빵 가격이 1,000원일 때 팔려는 사람은 50명, 사려는 사람은 100명이라고 해 볼까요? 이때에도 역시 거래가 성립되지 않습니다. 이번에는 수요가 공급보다 더 많기 때문입니다. 그런데 빵 가격이 1,500원일 때 사려는 사람과 팔려는 사람이 각각 80명이라면 어떨까요? 이때는 서로 그 수가 일치하므로 거래가 이루어집니다. 이게 바로 경제학에서 말하는 균형입니다. 균형은 수요와 공급이 일치하는 상황을 가리키며, 그때의 가격을 **균형가격**이라 부릅니다.

가격은 '보이지 않는 손'이다

물건을 고를 때 여러분은 무엇을 가장 먼저 혹은 가장 많이 따지나요? 원산지, 제조일자 등도 궁금하겠지만 아마 가격을 가장 먼저 볼 겁니다. 가격은 물건을 사고파는 데 필요한 가장 기본적인 정보입니다. 사고 싶었던 물건 가격이 생각보다 비싸면 사지 않을 것이고, 반대로 팔려고 하는 물건 가격이 생각보다 싸면 팔려고 하지 않을 테니까요. 이처럼 가격은 소비자나 생산자가 물건을 살 것인가 혹은 팔 것인가를 결정하는 판단의 기준이 됩니다.

모든 경제문제는 희소성에서 시작된다는 건 다들 알고 있죠? 우리가 쓸 수 있는 자원은 한정되어 있으니까요. 어떻게 하면 그 자원을 더 효율적으로 사용할 수 있을까요? 이때 가격이 중요한 역할을 합니다.

지금 빵 가격이 터무니없이 낮다고 가정해 봅시다. 그러면 팔려는 사람이 없을 겁니다. 팔아 봐야 이익이 남지 않을 테니까요. 반면 사려는 사람은 많아질 것입니다. 이렇게 되면 팔려는 사람보다 사려는 사람이 많아져 빵이 부족해집니다. 빵은 부족한데 사려는 사람만 계속 많아지면 어떻게 될까요? 값을 더 주고서라도 빵을 사려는 사람들이 생길 테고, 이런 사람들이 점점 많아지면 많아질수록 빵 가격 역시 따라서 오르게 됩니다.

이처럼 빵 가격이 오른다는 건 공급보다 수요가 더 많다는 걸 뜻합니다. 바꾸어 말하면 빵을 생산하는 데 이용되는 자원이 부족하다는 걸 말하죠. 빵 가격이 오르면 빵 생산자들의 이익이 늘어나 돈을 많이 벌게 되고, 빵집을 확장하든가 새로운 빵집을 차리는 등 빵 생산에 더 많은 자원을 배분하려 할 것입니다.

반대로 구두 가격은 점점 내려가고 있다고 가정해 봅시다. 이러한 현상이 일어나는 건 수요에 비해 공급이 많기 때문입니다. 이 말은 곧 구두를 생산하는 데 너무 많은 자원이 사용되고 있다는 뜻이 됩니다. 그럴 경우 생산자들은 구두에 투자하는 자원을 줄이겠죠?

이처럼 상품의 가격이 오르내리면서 자연스럽게 시장의 질서가 잡혀 나가는 걸 보고, 애덤 스미스는 '보이지 않는 손'이라고 불렀습니다. 보이지 않는 손이 조정하는 것처럼 시장이 자동적으로 굴러간다는 의미입니다.

가격을 내 마음대로 정한다면

사려는 게 무엇이냐에 따라 가격이 차지하는 비중은 달라집니다. 명품 가방이나 보석 같은 사치품은 가격이 아무리 비싸도 경제에 그리 큰 문제가 되지 않습니다. 그런 상품을 소비하는 사람들은 많지 않으니까요. 하지만 쌀이나 라면과 같은 식료품 가격이나 전셋값의 변화는 사람들의 생활에 큰 영향을 줍니다. 이럴 때 누군가 나서서 값을 내리거나 더 이상 가격이 오르지 않도록 해 주면 좋을 겁니다. 시장경제에서는 정부가 바로 이러한 역할을 합니다.

쌀의 경우를 한번 예로 들어 봅시다. 쌀은 우리가 살아가는 데 가장 필요하므로 그 값이 조금만 변동해도 서민들의 삶에 상당한 영향을 줍니다. 그래서 간혹 정부가 나서서 쌀값을 어느 수준 이상으로 올리지 못하게 통제하기도 합니다. 이때 정부가 시행하는 정책을 **가격상한제**라고 부릅니다. 가격상한제를 실시하면 소비자들은 더 많은 쌀을 소비하려고 하겠지만 공급자들은 조금만 공급하려고 할 것입니다. 그 결과 시장에서는 수요가 공급보다 많아지게 됩니다. 수요가 더 많아지면 가격이 오른다고 했죠? 가격이 점점 오른다면 가격을 통제하기 전과는 달리 사 먹고 싶어도 그럴 수 없는 희한한 상황이 펼쳐집니다. 정부는 서민들이 쌀을 더 많이 사 먹을 수 있도록 하기 위해서 정책을 시행했지만, 결과적으로는 쌀을 사 먹고 싶어도 사 먹지 못하는 소비자들이 늘어나는 사태가 벌어지게 됩니다.

이럴 경우엔 정부의 허락을 받지 않고 몰래몰래 상품을 사고파는 암시장이 나타나기도 합니다. 대개 암시장에서는 일반 시장에서보다 훨씬 더 비싼 가격으로 상품이 거래됩니다. 그 이유는 값을 더 지불해서라도 상품을 사려고 하는 소비자들이 꽤 존재하기 때문입니다. 그래서 결국 가격상한제를 펼쳤던 정부의 원래 의도와는 반대로 더 비싼 가격으로 물건이 거래되는 결과가 발생해 버린 거죠.

이와는 반대의 경우를 생각해 볼까요? 이제는 정부가 농민들이 더 많은 소득을 올릴 수 있도록 하려고 쌀값을 어느 수준 이하로 떨어지지 않게 했다고 합시다. 이런 정책을 **가격하한제**라고 하는데, 쌀값이 어느 정도 수준으로 유지되기 때문에 농민들은 당연히 더 많은 쌀을 공급하려 할 테고 반대로 소비자들은 구매를 줄일 겁니다. 그래서 팔고 싶어도 팔지 못하는 공급자들이 생겨납니다. 애초에 정부는 농민들이 더 많은 쌀을 팔아 더 많은 소득을 올리게 하려고 했는데, 결과적으로는 쌀을 팔지 못해 쌀이 남아도는 농민들이 늘어나게 된 것이죠.

이처럼 정부가 인위적으로 가격을 정하려고 하면 부작용이 뒤따르게 됩니다. 물론 태풍이나 홍수와 같은 자연재해 때문에 농수산물 가격을 통제해야 할 때도 있지만 이건 어디까지나 예외적인 경우입니다. 따라서 가격은 시장에 맡겨 두고 정부는 국방이나 교육과 같은 일에 신경 쓰는 것이 바람직합니다. 시장경제라는 게 바로 그런 겁니다.

별 하나에 이름 하나, 물건 하나에 가격 하나

윤동주 시인의 〈별 헤는 밤〉이라는 시를 보면, "별 하나에 아름다운 말 한마디씩 불러 봅니다"는 구절이 나옵니다. 밤하늘의 별을 보면서 사랑하는 사람들의 이름을 불러 본 기억이 있나요? 별 하나하나에 이름이 있듯이 우리가 구매하는 물건 하나하나에도 가격이 있습니다. 그런데 아버지의 구두를 닦아 드린 수지처럼 때에 따라 다른 가격을 부르면 어떻게 될까요?

똑같은 상품인데 가격이 천차만별이라면 참 불편할 것입니다. 물건을 살 때마다 어느 것이 합리적이고 적당한 가격인지 고민해야 하고, 버스나 지하철을 탈 때에도 매 순간 요금을 물어봐야 할 테니까요. 그래서 하나의 상품에는 하나의 가격이 붙는 게 맞습니다. 이걸 경제학에서는 **일물일가의 법칙**이라 부릅니다.

그런데 이런 원칙이 제대로 지켜지지 않는 경우도 더러 있습니다. 혹시 바가지 뒤집어쓴 경험이 있나요? 여행을 갔다가 말도 안 되는 가격에 기념품을 사거나 낯선 곳에서 택시를 탔다가 어처구니없는 값을 지불한 적이 분명 있을 겁니다. 이제는 많이 없어졌지만 시장경제가 제대로 자리 잡지 못한 곳에서는 아직까지 엿장수 마음대로라며 생산자가 자기 마음대로 물건 값을 정해 소비자에게 바가지를 씌우는 일이 종종 일어나기도 합니다.

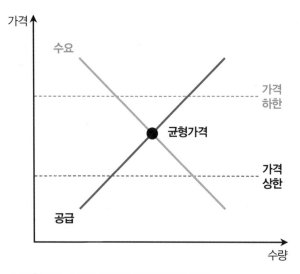

★ **핵심 체크!**

★ **균형가격** 수요와 공급이 일치할 때의 가격
★ **가격상한** 균형가격이 높다고 판단하여 임의적으로 낮게 설정
★ **가격하한** 균형가격이 낮다고 판단하여 임의적으로 높게 설정

★ 비교우위

메이드 인 차이나
VS.
메이드 인 코리아

종석이는 거실에 가득 쌓인 절인 배추를 보고 입을 쩍 벌렸다.

"엄마, 이 배추들 다 어디에 쓸 거예요? 우리가 먹기엔 엄청 많은데요?"

"이따 수지네에서 다 같이 김장을 하기로 했거든. 우리 집에서 절인 배추를 가져가고 수지네는 양념을 준비할 거야. 그리고 성아네에서는 김치와 같이 먹을 고기와 두부 가져온댔어."

"우와, 그래서 이렇게 배추가 많구나. 이따 저도 따라갈래요."

종석이는 어머니와 함께 절인 배추를 들고 수지네 집으로 향한다.

"엄마, 근데 우리가 먹을 만큼만 하는 게 손도 덜 가고 싸지 않아요?"

"글쎄, 각자 잘하는 걸 가져와서 나누면 더 좋을 것 같은데? 할머니가 배추 농사를 지으시니 우린 배추를 저렴하게 가져올 수 있고, 수지 엄마는 전라도 사람답게 맛깔나게 음식을 잘 만드니 김치 양념도 맛있겠지? 성아 엄마는 직접 콩을 재배하여 두부를 만들어 파니까 성아네가 두부를 가져오면 시중에서 파는 것보다 좋을 테고. 혼자 하는 것보다 이렇게 하는 게 더 좋은 것 같지?"

내가 남들보다 잘할 수 있는 게 뭘까?

애덤 스미스의 《국부론》은 핀 공장에서 이루어지는 분업을 묘사하는 것에서 시작합니다. 시장경제를 설명하면서 왜 분업을 가장 먼저 이야기하였을까요?

시장은 생산자들과 소비자들이 모여 서로 필요한 것을 교환하는 곳입니다. 그런데 같은 물건을 생산하는 사람들끼리도 물건을 교환할까요? 똑같이 쌀을 생산하는 사람들끼리는 쌀을 교환하는 일이 없을 겁니다. 베를 생산하는 사람들 역시 마찬가지고요. 교환은 쌀을 생산하는 사람들과 베를 생산하는 사람들, 즉 서로 다른 물건을 생산하는 사람들 사이에서 일어납니다.

이처럼 교환은 반드시 분업을 전제로 합니다. 분업 역시 반드시 교환을 전제로 하고요. 분업이 이루어지려면 '누가 농사를 짓고, 누가 물고기를 잡고, 누가 베를 짜고, 누가 농기구를 만들 것인가'를 정해야 합니다. 이때 어떻게 하면 일을 가장 효율적으로 나눌 수 있을까요? 당연히 다른 사람들보다 그물질을 잘하는 사람이 고기를 잡고, 다른 사람들보다 길쌈을 잘하는 사람이 베를 짜는 게 합리적입니다. 이처럼 누구든 남들보다 어느 한 가지 일을 더 잘할 때, 경제학에서는 그 사람이 특정 상품을 생산하는 데에서 **절대우위**가 있다고 말합니다. 남들이 10시간 걸려 만들어 낼 농기구를 1시간 만에 뚝딱 만들어 내는 사람은 농기구 생산에서 절대우위가 있는 거죠.

그런데 만약 한 사람이 물질도 잘하고 길쌈도 잘한다면, 어떻게 하는 게 좋을까요? 혼자서 농사도 짓고, 고기도 잡고, 베도 짜고, 농기구도 만들어야 할까요? 그건 분업이 아닙니다. 그리고 아무리 능력 있는 사람이라도 시간과 체력이 한정되어 있기 때문에 혼자서 그 많은 일들을 하기란 불가능합니다.

마이클 조던이 야구를 포기한 이유

마이클 조던은 지금까지 NBA에서 최고의 선수로 거론되고 있는 농구 선수입니다. 그런데 혹시 마이클 조던이 메이저리그에서 야구 선수로도 활약했다는 사실을 알고 있나요? 마이클 조던의 야구 실력은 상당했습니다. 메이저리그에 진출했다는 것만으로도 그의 실력을 짐작할 수 있습니다. 하지만 그 이상도 그 이하도 아니었습니다. 야구를 잘하기는 해도 특별하지는 않았으니까요. 반면 농구에서는 최고의 슈퍼스타로 인정받으며 인기를 얻고 있었습니다. 여러분이 마이클 조던이라면 어떻게 했을까요? 아마 농구를 하는 데에 전념했을 겁니다. 마이클 조던 역시 메이저리그에서 나와 다시 농구 코트로 돌아왔습니다.

만약 마이클 조던에게 무한한 시간과 무한한 체력이 있었다면 농구와 야구 두 가지 모두에서 뛰어난 선수로 두각을 나타냈을지도 모릅니다. 하지만 현실은 그렇지 않습니다. 시간과 체력 모두 한정되어 있기 때문에 둘 중 하나를 포기하고 선택한 일에 전념하는 게 맞습니다. 마이클 조던이 야구를 포기하고 농구를 선택한 이유도 상대적으로 야구보다 농구를 더 잘했기 때문이고, 농구에 더 많은 에너지를 쏟은 결과 최고의 선수로 남을 수 있었습니다. 이것이 바로 경제학에서 말하는 **비교우위**입니다. 마이클 조던은 명성도 더 얻을 수 있고 연봉도 더 받을 수 있는 농구에 비교우위가 있었던 겁니다.

이쯤 되면 절대우위와 비교우위가 헷갈릴 수도 있겠네요. 두 원리를 한번 정리해 봅시다. 종석이와 수지가 농사를 지으려고 합니다. 종석이가 가진 땅은 쌀농사를, 수지가 가진 땅은 과수원을 하기에 적합하다면 어떻게 해야 할까요? 당연히 종석이는 쌀농사를, 수지는 과수원을 하는 게 좋습니다.

그런데 만약 종석이의 땅이 매우 비옥하여, 쌀농사와 과수원 모두 종석이의 땅에서 하는 것이 좋다면 어떻게 하는 게 현명할까요? 이때 비교우위의 원리가 적용됩니다. 가령 종석이가 쌀농사를 지을 경우에는 수지의 2배, 과수원을 할 경우에는 3배의 수확을 올릴 수 있다고 가정해 봅시다. 이때는 당연히 종석이가 쌀농사를 포기하고 과수원을 하는 게 현명합니다. 그리고 수지는 종석이보다 쌀 생산도 과일 생산도 뒤처지지만 쌀농사를 짓는 게 맞습니다. 왜냐하면 종석이가 두 가지 모두를 하는 것이 불가능하기 때문입니다. 설령 두 가지 모두 한다 해도 생산성이 떨어질 것입니다. 그러므로 과수원에서 비교우위를 갖는 종석이는 과수원을 하는 데 집중하고, 쌀농사에 비교우위가 있는 수지는 쌀을 재배하여 서로 교환하는 게 좋습니다.

자유무역의 좋은 점

절대우위니 비교우위니 하는 말은 국가 간에 이루어지는 무역 때문에 나온 말입니다. **무역**은 국가 간 물건을 사고파는 것을 말합니다. 왜 무역이 일어날까요? 한 국가가 모든 물건을 생산하기란 불가능하며, 분업으로 생산량을 늘려 교환하게 되면 더 큰 이익을 누릴 수 있기 때문입니다.

미국이 한국에 비해 자동차와 운동화 모두 더 싸게 생산할 수 있다고 가정해 봅시다. 이때 미국이 자동차를 생산할 경우 한국이 생산하는 것의 약 83%의 비용이 들고, 운동화를 생산할 경우에는 한국이 생산하는 것의 약 67%의 비용이 든다면 어떻게 하는 게 좋을까요? 미국은 자동차와 운동화 모두 생산하기보다 운동화 산업에 전문성을 두고, 자동차는 한국에서 수입하는 게 좋습니다. 반대로 한국은 자동차 산업에 주력해 자동차를 수출하고, 운동화는 수입하는 게 이익이고요.

미국이 자동차와 운동화 모두 한국보다 더 싸게 잘 만드는데 운동화만 전문적으로 생산하는 이유는 바로 자원의 희소성 때문입니다. 한정된 자원을 여기저기 사용하는 것보다 비교우위가 있는 산업에 집중하여 전문화를 이루면 싼값에 더 많은 상품을 생산할 수 있습니다. 그리고 이 상품들을 무역을 통해 교환하면 소비자 역시 질 높은 상품을 싼값에 구입할 수 있죠.

이처럼 무역은 부족한 자원을 얻을 수 있고, 싼값에 물건을 구입할 수 있으며, 나아가 수출과 수입이 활발해져 국가 간의 교류가 많아진다는 점에서 생산자뿐만 아니라 소비자에게도 이롭습니다.

핵심 체크!

* 노동력 1개, 생산 1:1 교환

★ A국가가 반도체와 우주선 생산 모두 **절대우위**를 가짐
★ 하지만 A국가는 반도체, B국가는 우주선 생산에서 **비교우위**를 가짐
★ A국가는 반도체를, B국가는 우주선을 각각 생산한 뒤
　무역을 통해 교환함

★보완재

함께할수록
더 좋은 사이

"아싸, 치킨! 얼마 만에 먹는 치킨이야! 역시 우리 아빠가 최고야. 아빠, 잘 먹겠습니다."

종석이는 냉장고를 열어 콜라를 꺼냈다. 그러고 나서 치킨 한 조각과 콜라 한 모금을 마시며 "맛있어"를 연발한다.

"치킨에는 콜라지. 음, 맛있어."

조용히 냉장고를 열어 맥주를 꺼내는 아버지.

"치킨에는 역시 맥주야. 캬!"

싸게 팔수록 더 많이 남는 장사

우리는 필요한 물건을 사거나 원하는 서비스를 받기 위해 시장으로 갑니다. 자급자족을 하는 경우라면 상관없지만, 대부분 사람들은 자급자족을 하지 않기 때문에 시장에서 원하는 물건을 얻어야 합니다. 이런 걸 시장경제라고 부르고, 시장에서 팔리는 물건들을 상품이라고 합니다.

상품은 다양한 방법으로 구분할 수 있습니다. 그중 하나가 탄력성을 이용하는 것입니다. 탄력성이란 어떤 자극이 있을 때 반응하는 정도를 의미합니다. 그렇다면 상품의 수요는 무엇에 가장 영향을 받을까요? 바로 가격입니다. 가격이 오르면 사람들은 더 적게 소비하려 하고, 가격이 내리면 더 많이 소비하려고 하기 때문입니다. 그런데 가격이 올랐을 때 줄어드는 소비량 혹은 내렸을 때 늘어나는 소비량은 상품마다 다릅니다. 이것을 수요의 **가격탄력성**이라고 부릅니다.

탄력성은 가격이 얼마나 변동했는지 또는 수요량이 어느 정도 변했는지가 아니라 몇 퍼센트 변했는지에 따라 달라집니다. 자동차를 예로 들어 봅시다. 자동차 가격이 10만 원 올랐다고 가정하면, 많이 오른 걸까요? 아닙니다. 자동차의 경우, 다른 상품들에 비해 가격이 매우 높기 때문에 10만 원이 오른다 해도 구매에 큰 영향을 미치지 못합니다. 그래서 퍼센트를 측정하는 거지요. 이때 가격이 1% 올랐는데 수요가 1%보다 많이 줄어들면 탄력적이라 말하고, 가격이 1% 올랐는데 수요가 1%보다 적게 줄어들면 비탄력적이라고 말합니다.

혹시 길을 가다가 '박리다매'라고 붙여 놓은 가게를 본 적이 있나요? 박리다매란 값을 내려 물건을 많이 파는 걸 말합니다. 박리다매를 할 경우, 가격이 하락하는 비율보다 물건이 팔리는 비율이 더 커서 상인에게 오히려 이익이 됩니다. 즉 박리다매는 탄력성을 이용하여 판매를 높이려는 전략입니다.

하지만 우리가 매일 먹는 쌀은 가격이 올라도 쉽게 소비를 줄일 수 없습니다. 그래서 쌀과 같은 필수품들은 가격탄력성이 낮습니다. 그럼 군것질거리는 어떤가요? 이건 쌀처럼 꼭 소비해야 하는 상품이 아닙니다. 이런 상품을 사치품이라 부르며, 사치품은 가격탄력성이 매우 큽니다. 조금만 가격이 올라도 수요가 대폭 줄어들죠.

탄력성을 잘 살펴보면 경제를 더 잘 이해할 수 있습니다. 탄력성으로 알 수 있는 경제지수로는 대표적으로 엥겔지수가 있습니다. 엥겔지수는 전체 소비 가운데 식료품이 차지하는 비율을 뜻하는 것으로, 개개인의 소득수준을 가늠해 볼 수 있습니다.

아무리 가난해도 식료품을 소비하지 않을 수는 없습니다. 그렇기 때문에 식료품 가격이 오르면 지출 비용 가운데 식비의 비중이 자연스레 높아지게 됩니다. 그러나 소득이 점점 많아질수록 식비의 비중은 크게 늘어나지 않습니다. 그 대신 교육비라든가 문화비 등이 늘어나게 되죠. 즉 식비에 들어가는 전체 비용은 늘어날지언정 문화비나 교육비처럼 다른 비용이 늘어나기 때문에 자동적으로 식비의 비중이 줄어들게 되는 겁니다. 그래서 저소득층일수록 또 빈곤한 나라일수록 엥겔지수가 높고, 고소득층일수록 또 부유한 선진국일수록 엥겔지수는 낮습니다.

가격이 오르는데도 소비가 늘어나고 있다

필수품이든 사치품이든 대부분 상품들은 가격이 오르면 자연스레 수요가 줄어듭니다. 그런데 가격이 오르는데도 이상하게 소비가 늘어나는 경우도 있습니다. 그 대표적인 것이 잡곡밥입니다. 웰빙 열풍으로 요즘은 흰쌀밥보다는 보리밥이나 잡곡밥을 챙겨 먹습니다. 이때 보리의 값이 오르면 어떻게 될까요? 단순하게 생각하면 당연히 보리의 수요가 줄어들어야 합니다. 그런데 오늘날 사람들은 오히려 보리를 더 많이 찾습니다. 보리값이 하늘 높은 줄 모르고 치솟지 않는 한 보리값이 올라도 자신의 건강을 생각해서 소비를 줄이지 않는 것이죠. 이처럼 가격이 올라도 수요가 증가하는 상품들을 기펜재라고 부릅니다.

그런데 수요가 가격에만 반응하는 건 아닙니다. 사고 싶은 운동화가 있을 때 가격 다음으로 무엇을 생각하나요? 아마 지금 내가 가진 돈이 얼마인가를 볼 겁니다. 이처럼 수요에 영향을 미치는 두 번째 중요한 요인은 지금 내가 가지고 있는 돈, 바로 소득입니다.

소득이 늘어나면 수요도 따라서 늘어납니다. 이때 수요가 얼마나 늘어나는가를 수요의 **소득탄력성**이라고 부릅니다. 소득탄력성은 대체로 가격탄력성과 반대인 경우가 많습니다. 가령 필수품은 소득이 늘어도 크게 소비가 늘어나지 않고, 반대로 사치품은 소득이 늘어나면 더 많이 소비하려고 하기 때문에 수요가 늘어나게 됩니다.

그렇다면 소득이 늘어났는데도 소비가 줄어드는 상품도 있을까요? 다시 보리밥의 경우를 생각해 봅시다. 형편이 넉넉하지 않아서 어쩔 수 없이 쌀밥 대신 보리밥을 먹었던 사람들은 소득이 늘어나면, 보리의 소비를 줄이고 쌀의 소비를 늘릴 겁니다. 이 경우, 보리를 열등재라고 합니다. 열등재는 소득이 늘어나면서 자연스레 소비가 줄어드는 상품을 가리킵니다. 반대로 소득이 늘어났을 때 수요도 함께 늘어나는 상품들은 정상재라고 합니다. 비싼 흰쌀밥 대신 보리밥을 먹어야 했던 예전에는 보리가 열등재였지만, 요즘은 건강 때문에 일부러 보리밥을 먹는 사람도 많으니 더 이상 보리를 열등재로 볼 수 없겠네요. 그러므로 정상재냐 혹은 열등재냐 하는 건 처음부터 정해져 있는 게 아니라 상황에 따라 달라진다는 것을 알 수 있습니다.

우리는 찰떡궁합

수요의 가격탄력성은 필수품인가 혹은 사치품인가에 따라 달라집니다. 필수품은 가격탄력성이 상대적으로 낮고, 사치품은 매우 큽니다. 그런데 필수품이라 하더라도 다른 상품으로 바꾸어 소비할 수 있다면 탄력성이 커집니다. 굳이 가격이 오른 상품이 아니더라도 그 상품을 대체할 만한 다른 상품을 사도 되기 때문입니다. 이와 같은 맥락에서 사치품일지라도 이를 대체할 상품이 없는 경우에는 탄력성이 작아집니다. 그래서 울며 겨자 먹기로 그 상품을 소비할 수밖에 없게 되죠.

이와 같이 상품의 수요는 다른 상품의 가격이 어떻게 변하느냐에도 영향을 받습니다. 이때 서로 대체 관계에 있는 상품을 대체재라 부르고, 보완 관계에 있는 상품을 **보완재**라고 합니다. 보완 관계에 있는 상품들은 함께 소비하면 더 많은 효용을 줍니다. 종석이가 '치킨엔 콜라'라고 외쳤던 것처럼 치킨과 콜라는 보완재입니다. 종석이 아버지가 '치킨에는 맥주지'라고 했던 것도 마찬가지이고요. 둘은 함께 소비하면 소비할수록 더 많은 효용을 주는 보완재입니다. 이외에도 커피와 설탕, 피자와 콜라 등이 보완재에 속합니다. 반대로 대체 관계란 서로 바꾸어 소비할 수 있다는 뜻으로, 쌀과 보리, 커피와 녹차 등이 있습니다.

커피 가격이 오르면 어떤 현상이 벌어질까요? 일단 커피의 수요가 줄어들겠죠? 이때 커피와 함께 소비하는 설탕의 수요도 따라서 줄어들게 됩니다. 설탕 가격에 변동을 주는 직접적인 요소가 없더라도 커피와 보완 관계에 있기 때문에 커피의 가격 변화에 영향을 받는 것이죠. 그런데 커피와 대체 관계에 있는 녹차의 경우에는 수요가 늘어납니다. 즉 커피 가격이 오르면 보완재인 설탕의 수요는 커피의 수요에 따라 줄어들고, 대체 관계에 있는 녹차는 반대로 늘어나게 되는 것입니다.

하지만 대체재냐 보완재냐 하는 건 처음부터 정해져 있지 않습니다. 상황에 따라 달라지죠. 예를 들어 버스를 탈까 전철을 탈까 고민할 때는 버스와 전철이 대체 관계에 있지만, 버스와 전철을 환승하여 목적지까지 간다고 했을 때는 서로 보완재가 될 수도 있기 때문입니다. 친구가 때로는 경쟁자가 되거나 협력자가 되는 것과 같은 이치라고 할 수 있겠네요.

핵심 체크!

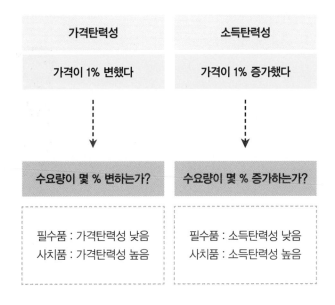

가격탄력성	소득탄력성
가격이 1% 변했다	가격이 1% 증가했다
↓	↓
수요량이 몇 % 변하는가?	수요량이 몇 % 증가하는가?
필수품 : 가격탄력성 낮음 사치품 : 가격탄력성 높음	필수품 : 소득탄력성 낮음 사치품 : 소득탄력성 높음

★소비자주권

우리
오빠들이
하는 건 다 좋아

"안 된다니까! 얘가 오늘 하루 종일 따라다니며 징징대네."

"엄마아아아, 나도 새 폰 쓰고 싶다고요."

수지는 금방이라도 눈물을 흘릴 것 같은 표정을 하고 있고, 수지 어머니는 그런 수지의 말을 매몰차게 가로막으며 할 일을 하신다. 그 광경을 본 수지 아버지가 묻는다.

"무슨 일인데 그래요?"

"얘가 아이돌 가수인지 뭔지 하는 애들이 선전하는 휴대폰을 사 달라고 떼를 쓰잖아요."

"이번이 마지막이에요. 제발……."

"수지 너 폰 바꾼 지 얼마 안 되었잖아? 그리고 꼭 필요한 물건도 아니고."

"왠지 저 폰을 쓰면 오빠들과 함께 있는 것 같은 느낌이 든단 말이에요. 그리고 오빠들의 진정한 팬이라면 저 폰 하나는 사줘야 해요!"

"얘가 정말 왜 이러니? 못 말려, 정말!"

경제는 우물물과 같아

우리가 **소비**를 하는 이유는 무엇일까요? 소비는 생존을 유지하는 데에 꼭 필요하며, 우리에게 만족감과 행복감을 줍니다. 이처럼 소비에서 얻는 만족을 효용이라 하며, 우리는 더 큰 효용을 얻기 위해 소비를 합니다.

소비는 개인의 효용을 증가시킬 뿐 아니라 국민경제를 발전시키는 데에도 매우 중요한 역할을 합니다. 나라 경제가 성장하기 위해서는 저축이 필요합니다. 그런데 모든 사람이 소비는 하지 않고 저축만 한다면 어떻게 될까요? 아무도 소비하지 않으면 시장에 있는 물건들이 팔리지 않을 테고, 그렇게 되면 생산자들은 더 이상 물건을 **생산**하려고 하지 않을 겁니다.

조선 후기의 유명한 실학자인 박제가 선생님은 경제에서 소비가 하는 역할을 두고 '우물물 같다'라고 말했습니다. 우물에 있는 물을 아깝다고 사용하지 않으면 우물이 말라 버려 더 이상 사용할 수 없게 됩니다. 사용하지 않으면 말라 버리는 우물물처럼 돈이 아깝다고 물건을 소비하지 않으면 재고가 쌓여 상품을 생산할 필요가 없습니다. 그렇게 되면 그 상품을 생산하는 기업이 문을 닫게 되고 실업자가 늘어나게 되죠. 하지만 반대로 적절하게 소비를 한다면 소비가 생산을 부르고 또다시 생산이 소비를 이끌 것입니다. 우물물을 적절하게 퍼서 사용할 때 신선한 물로 채워지는 상태처럼 말이죠. 이렇듯 생산과 소비가 적절하게 이루어져야 경제가 막힘없이 제 기능을 다할 수 있습니다.

시장의 주인은 소비자다

어떤 특정한 상품의 소비가 계속 늘어나고 있습니다. 이러한 상황은 우리 사회에 어떤 신호를 주고 있는 걸까요? 앞으로 해당 산업이 발전할 것이라는 걸 알려 주는 신호입니다. 이 신호를 감지한 기업들은 생산 규모를 확대하기 위해 투자를 늘릴 테고, 생산과 투자의 확대는 기술 발전의 주요한 원동력으로 작용하게 됩니다. 즉 소비가 산업을 발전시키고 새로운 기술을 개발하도록 유도하는 겁니다. 이와 달리 어떤 상품의 소비가 줄어든다는 건 어떤 신호일까요? 아까와는 반대로 해당 산업이 곧 쇠퇴할 것이라는 걸 암시합니다. 그렇기 때문에 기업들은 생산량 등을 조절하여 손해를 최소화하기 위해 미리 계획을 짜고 전략을 세워야 하죠. 이처럼 자본주의 경제에서 소비자들의 선택으로 '무엇을 얼마나 생산할 것인가'라는 문제가 결정되는 현상을 **소비자주권**이라 합니다.

소비자들은 시장경제에서 생산량을 결정하기도 하지만 시장을 감시하는 역할도 합니다. 만약 모든 생산자와 판매자가 정직하게 거래를 한다면 감시자는 필요 없을 겁니다. 그러나 때때로 자기 이익을 위해 불량품을 만들어 시장에 파는 등 비도덕적인 경제활동을 하는 사람들도 있습니다. 또 의도적인 것은 아니지만 기술의 부족 등으로 인해 질 낮은 물건을 만들어 시장에 내놓는 사람들도 있습니다. 불량품을 만들어 시장에 내놓는 상인들의 행동을 막으려면 어떻게 해야 할까요? 정부와 같은 기관이 개입하여 그들의 경제행위를 통제해도 좋지만 가장 현명하고 자연스러운 방법은 소비자들이 그런 물건을 사지 않는 겁니다. 소비자들이 질 낮은 물건이나 품질에 비해 가격만 비싼 물건을 소비하지 않으면, 그런 물건을 만드는 사람도 파는 사람도 저절로 없어질 테니까요.

이처럼 소비자들은 시장경제에서 생산자들이 더 좋은 물건을 만들고 국민경제가 건전해질 수 있도록 유도합니다. 또 시장에서 공정한 경쟁이 이루어지도록 이끄는 중요한 역할을 하고 있습니다. 그렇기 때문에 기업들은 다른 경쟁 기업을 무서워할 게 아니라 소비자들의 행동 하나하나에 유념하고 그들의 요구를 만족시킬 수 있는 상품을 생산하는 데 힘써야 할 것입니다.

만병통치약을 팝니다

약국이 드물었던 시절, 이 동네 저 동네를 돌아다니면서 약을 파는 사람들이 있었습니다. 이런 약장사들은 손님을 많이 모으려고 등에 북이나 여러 가지 악기를 메고 요란스럽게 광고를 했죠. 미국처럼 땅이 넓은 나라에서는 자동차에 악기를 싣고 다니기도 했습니다. 이런 자동차를 악대차, 즉 밴드왜건이라고 부릅니다. 말 그대로 밴드를 싣고 다니는 자동차라는 뜻입니다.

옛날에는 지금처럼 텔레비전이 많이 보급되어 있지 않았고 인 터넷이나 스마트폰 같은 것은 상상도 못 할 때였습니다. 그만큼 구경거리가 드물던 시절이라 악대차가 한번 나타났다 하면 온 동네 아이들이 모두 나와 차 뒤를 졸졸 따라다니곤 했습니다. 그런데 이런 악대차가 경제와 무슨 상관이 있냐고요?

소비자주권이 제대로 지켜지려면 제일 먼저 소비자들이 합 리적인 소비를 해야 합니다. 가령 정당한 방법으로 생산된 좋은 제품과 그렇지 못한 제품이 있을 때, 소비자들이 부적당한 제품 을 사 버린다면 어떻게 될까요? 기업들은 좋은 상품을 만들기 위해 노력하기보다는 꼼수를 써서 교묘하게 소비자들의 눈을 속이는 행동을 일삼을 것입니다. 이처럼 시장에서 나쁜 상품을 없애기 위해서 소비자들의 합리적 소비가 필요합니다.

그렇다면 비합리적인 소비에는 어떤 것들이 있을까요? 여러 가지 잘못된 소비 가운데 가장 나쁜 건 바로 과시적 소비입니 다. 다른 사람들에게 자랑을 하려고 일부러 비싼 물건을 소비하 는 걸 말합니다. 물론 비싼 물건이 그만큼 좋은 점도 많습니다. 그러나 단지 비싸다는 이유로, 다른 사람들에게 자랑하려는 이 유로 비싼 물건을 산다면 바람직한 소비가 아닙니다. 이건 소 비가 아니라 낭비입니다. 심지어 자신의 소득이나 형편은 고려 하지도 않고 빚을 내면서까지 비싼 물건을 사는 경우도 있다고 하니 그저 놀라울 따름입니다.

우리 옛 속담에 "남이 장에 간다고 하니 거름 지고 장에 나선다"는 말이 있습니다. 이는 다른 사람들의 소비 행태를 따라 물건을 구매하는 상황을 일컫습니다. 아마 자신도 한 번쯤은 꼭 필요한 물건이 아닌데도 남들을 따라서 유행하는 물건을 산 적이 있을 겁니다. 수지처럼 자신이 좋아하는 아이돌 가수가 광고하는 휴대폰을 사 달라고 부모님께 조른 적도 있을 테고, 친구들이 다 사 입는다는 이유로 비싼 패딩 점퍼를 구입한 적도 있을 겁니다. 꼭 필요한 물건도 아닌데 왜 그랬을까요? 다른 친구들이 다 가지고 있으니 왠지 나도 하나쯤은 가지고 있어야 할 것 같은 심리 때문입니다. 이처럼 남들이 소비하면 따라서 소비하는 행태를 **밴드왜건 효과**라고 합니다. 악대차가 왔다고 아무 생각 없이 악대차 뒤를 따라다니는 사람들이라는 뜻으로, 자신의 의지와는 상관없이 유행을 따르는 소비 형태를 가리킵니다.

그런데 이와 반대되는 경우도 있습니다. 남들을 따라 하는 게 아니라 남들이 하는 것일수록 일부러 안 하는 거죠. 이처럼 일부러 남들과는 다른 소비를 하는 형태를 **스놉 효과**라고 합니다. 스놉이란 잘난 척하는 사람들이라는 뜻으로, 빨간색이 유행할 때에는 일부러 파란색을, 두꺼운 점퍼를 입고 다니는 한겨울에는 일부러 민소매에 반바지를 입고 다니는 사람들을 가리킵니다. 한겨울에 그러고 다니다가는 감기에 걸리기 십상인데, 특별해 보이고 싶다는 이유로 꼭 그래야 할까요?

VS.

밴드왜건 효과
남들 따라서 소비하는 것
친구 따라 강남간다!

스놉 효과
남들과 반대로 소비하는 것
나는 남들과 달라!

학교에서 만나는 경제 이야기

외부효과 ★ 독과점 ★ 재화 ★ 도덕적 해이
투기 ★ 구성의 오류 ★ 국민소득

학교는 하루의 1/3 이상을 보내는 곳입니다.

그만큼 대부분 경제활동이 학교에서 일어납니다.

학교에서는 어떤 경제 상황들이 벌어지고 있을까요?

그리고 그 속에서 나는 어떻게 하고 있나요?

학교 안에서 일어나는

다양한 문제들을 살펴봅시다.

★외부효과

영어 듣기
시험을 망쳤어

"이제 시작하겠습니다. 1번, 다음을 듣고 일요일 날씨로 가장 적절한 것을 고르시오."

"Good morning. This is the Thursday weather report. Today, it will be……."

영어 듣기 시험을 막 치르기 시작하려는데 동네 마트에서 세일을 한다는 광고가 크게 흘러나왔다.

"온누리 마트 초대박 세일! 내일까지입니다! 서두르세요!"

요란한 음악 소리와 함께 확성기로 호객 행위를 하는 목소리가 울려 퍼진다. 그러자 스피커에 집중하고 있던 반 학생들 모두 웅성웅성거린다. 우여곡절 끝에 영어 듣기 시험이 끝나고, 여기저기에서 불만의 소리가 나오기 시작한다.

"1번부터 망했어."

"제일 쉬운 문제인데…… 어떡해."

"듣기 시험에 웬 마트 광고야!"

난 아무 일도 하지 않았어

시장의 가장 중요한 역할은 무엇일까요? 자원을 효율적으로 배분하는 일입니다. 시장은 가격이라는 보이지 않는 손을 이용해 자원이 부족한 산업에는 더 많은 자원을 투입하고, 반대로 자원을 낭비하는 산업에는 자원의 사용을 줄입니다. 그런데 때론 시장이 이런 기능을 하지 못할 때도 있습니다. 원숭이도 나무에서 떨어질 때가 있는데 시장이라고 왜 실패할 때가 없겠어요? 이처럼 시장이 실패하는 걸 두고 경제학에서는 **시장실패**라고 부릅니다. 시장이 자원을 효율적으로 배분하는 데 실패했다는 걸 뜻하지요.

시장실패에는 몇 가지 원인이 있습니다. 그 가운데 가장 중요한 원인은 외부효과입니다. 상품을 생산하고 소비하는 모든 경제활동에는 비용과 편익이 뒤따릅니다. 비용이란 어떤 일을 하는 데 들어가는 돈, 상품, 노동 등을 말하고, 편익은 소비자들이 소비를 통해 얻는 효용이나 기업이 생산을 통해 얻는 이윤 등을 두루 일컫는 말입니다. 편익 역시 비용과 마찬가지로 꼭 돈만 이야기하는 게 아니라 개인의 만족, 행복 등도 포함합니다. 중요한 건 우리가 하는 모든 경제행위에는 언제나 비용과 편익이 뒤따른다는 겁니다.

그런데 가끔 어떠한 편익과 비용을 만들지 않으면서도 다른 사람에게 이익이나 손해를 끼치는 경우가 있습니다. 이를 바로 **외부효과**라고 합니다. 외부효과에는 나에게 이익이 되는 것과 손해가 되는 게 있는데, 전자를 외부경제라 하고 후자를 외부불경제라고 부릅니다.

외부경제를 가장 쉽게 이해할 수 있는 예로 과수원 옆의 양봉장을 들어 봅시다. 과수원에는 벌들이 좋아하는 꽃이 많이 피어 있습니다. 이 꽃 덕분에 양봉업자는 더 많은 꿀을 생산할 수 있습니다. 그렇다고 해서 양봉업자가 과수원 주인에게 그 대가를 따로 지불하지는 않습니다. 이와 같이 시장을 통한 거래가 아니라 외부에서 발생한 효과로 인해 경제적 이득을 취하는 것을 이로운 외부효과, 즉 **외부경제**라고 부릅니다. 물론 과수원 주인도 이득을 얻습니다. 양봉장의 벌들이 꽃가루를 가루받이해 주어 더 많은 과일을 생산할 수 있으니까요. 이처럼 외부경제는 반드시 한쪽에만 이익이 되는 게 아니라, 때론 양쪽 모두에게 이득을 줍니다.

반대로 외부불경제의 예를 한번 봅시다. 외부불경제를 가장 잘 보여 주는 예는 공해 물질을 배출하는 공장입니다. 만약 양봉장 옆에 과수원이 아닌 화학 공장이 들어섰다면 어떤 일이 벌어질까요? 벌들이 꿀을 만들지 못해 양봉업자는 곧 망하게 됩니다. 양봉업자는 아무 일도 하지 않았는데 손해를 입게 된 거죠. 이처럼 시장거래를 통하지 않았는데도 원하지 않는 손해를 입은 경우를 **외부불경제**라고 합니다.

이와 비슷한 예로 세탁소 옆에 연탄 공장이 들어섰다고 가정해 봅시다. 옆에 연탄 공장이 있으면 아무리 깨끗이 세탁을 해도 별 소용이 없겠죠? 또 우리 집 옆에 큰 건물이 들어서는 바람에 햇볕이 잘 안 들게 되었거나 주변 경치를 볼 수 없게 되었을 때도 외부불경제라고 합니다. 나에게 직접적인 이익이나 손해를 가져올 경우에만 외부경제 혹은 외부불경제라고 부르는 게 아닙니다. 직접 손해를 입지 않았더라도 공해 시설 때문에 나의 행복이 줄어든다면 이 역시 외부불경제에 해당됩니다.

시장이 제 역할을 못 하면

그런데 왜 외부효과가 있으면 시장이 실패하는 걸까요? 개인이 얻는 편익이나 비용과 사회적 차원에서 얻는 편익이나 비용이 서로 다르기 때문입니다. 다시 과수원을 떠올려 봅시다.

과수원에서 얻을 수 있는 사회적 이익이 150이라고 가정합시다. 여기서 100은 사과를 생산해서 얻는 이익이고, 50은 꿀을 생산해서 얻는 이익입니다. 우리 사회가 과수원에서 150만큼의 이익을 필요로 한다는 뜻입니다. 그런데 과수원 주인은 사과를 생산하면서 100만큼의 이익만을 얻습니다. 나머지 50은 꿀을 생산하는 양봉업자가 가져가니까요. 그렇게 되면 당연히 과수원 주인은 자신에게 돌아오는 이익 100만을 고려하여 과수원을 경영하려 할 것입니다. 우리 사회는 150만큼의 과수원을 필요로 하는데 과수원 주인은 개인의 이익만을 따져 100만 생산하려고 하니 문제가 발생하는 거죠.

반대로 상품 생산을 위해 공해 물질을 배출하는 공장에서 생기는 비용을 생각해 볼까요? 매연이나 악취로 겪게 되는 고통도 비용이 되고 이 공해로 병을 얻은 사람들의 치료비 등도 비용이 됩니다. 이 비용을 100이라고 가정해 봅시다. 만약 공해 물질을 배출할 때마다 그에 따른 비용을 지불해야 한다면, 공장 주인은 공해 물질을 적게 배출하기 위해서 적은 양을 생산하려 할 것입니다. 그런데 만약 공장 주인이 50만큼의 비용만 지불해도 된다면 어떻게 될까요? 이젠 과수원 주인과는 반대되는 일이 일어납니다. 공장 주인의 입장에서 보면 자신이 지불해야 하는 비용이 줄어드니 더 많이 생산하려 할 테고, 그렇게 되면 자연스레 더 많은 공해 물질이 배출될 것입니다. 이처럼 좋은 건 부족해지고 나쁜 건 넘치게 되어 시장이 실패하게 되는 것입니다.

시장이 실패하는 걸 막아라

외부효과와 그로 인해 발생하는 시장실패를 막는 방법에는 어떤 게 있을까요? 대표적으로 세금을 부가하거나 보상금을 지불하는 방법이 있습니다. 과수원 주인에게는 적절한 보상금을 주고, 공장 주인에게는 세금을 부가하는 식이죠.

하지만 여기에도 문제가 뒤따릅니다. 첫째는 보상 규모의 적정 수준을 정하는 일입니다. 환경오염으로 고통받는 사람들에게 지불해야 할 보상금 액수는 어떤 식으로 계산해야 할까요? 받을 사람은 더 많은 보상금을 요구할 테고 지불할 사람은 더 적은 보상금을 주려 할 텐데 말이죠. 이럴 때 공정한 판단을 할 수 있는 제3자의 개입이 필요합니다. 그렇다면 누가 그런 역할을 할 것인가가 두 번째 문제가 됩니다. 대개 정부가 그런 역할을 하는데, 이 역시 한계가 있습니다. 원래 하는 일도 많은데 정부가 이런 역할까지 맡게 되면 어떨까요? 정부가 해야 하는 일이 많으면 많아질수록 더 많은 공무원과 더 많은 세금이 필요하게 됩니다. 그렇게 되면 국민들 역시 세금을 내는 게 부담될 것입니다.

그럼 어떻게 해야 비용도 적게 들고 효율성도 높일 수 있을까요? 가장 좋은 방법은 당사자들이 협의하여 서로 만족할 수 있는 방안을 찾는 것입니다. 물론 협의를 하기 위해서는 물리적인 시간도 많이 걸리고 상당한 힘과 노력이 필요합니다. 하지만 협의가 잘 이루어질 수 있도록 정부가 약간의 도움을 준다면 큰 어려움은 없을 겁니다. 일단 정부는 당사자들이 잘 협의할 수 있도록 협상의 절차와 방법에 관한 법과 제도를 만들어야 합니다. 그리고 협상이 잘 진행되지 않을 때에는 당사자들을 설득하고 중재해야 될 테고요. 시장경제에서는 정부가 직접 나서기보다 가급적 당사자들이 서로 잘 협의할 수 있도록 하고, 협의가 잘 이루어지지 않는 경우에만 직접 개입하는 것이 좋습니다.

핵심 체크!

외부경제	외부불경제
어떤 행동이 제3자에게 편익을 유발하는 것	어떤 행동이 제3자에게 비용을 발생시키는 것
• 사적 비용 〉 사회적 비용 • 사적 편익 〈 사회적 편익	• 사적 비용 〈 사회적 비용 • 사적 편익 〉 사회적 편익
예) 수목원, 전염병 예방 접종	예) 공장에서 나오는 오염 물질, 쓰레기 매립지

시장실패

사회적으로 적정하다고 생각하는 수준보다
많이 생산되거나 적게 생산되어 발생됨

★독과점

매점 빵은
왜 비싸지?

　3교시 수업 종이 '땡' 치자마자 우르르 매점으로 달려가는 아이들. 종석이와 수지도 허기진 배를 채우기 위해 그 무리에 끼어들었다. 다들 배가 고픈지 친구들 머리 위로 손을 길게 뻗어 빵을 달라고 소리 지른다.

　"이러다가 빵을 먹기는커녕 사지도 못하겠다."

　그때 남들보다 유난히 키가 큰 종석이가 친구들 사이를 파고들기 시작한다. 드디어 빵 획득에 성공! 수지와 빵을 먹으면서 여유롭게 교실로 향한다.

"근데 종석아, 왜 학교엔 매점이 하나밖에 없을까?"

"내 말이. 하나만 더 있었어도 이렇게 붐비지 않을 텐데……. 근데 뭣보다 빵값이 다른 데보다 훨씬 비싸. 이거 안 사 먹을 수도 없고. 학교에다 건의해 볼까?"

가락동에서 노량진까지
· · · · · · · · · · · · · · · · · ·

시험 기간 교실 분위기를 떠올려 보세요. 평소랑 어떻게 다른가요? 시험에 그다지 신경 쓰지 않는 학생들도 있기는 하지만 대부분 학생들은 평소보다 좀 더 열심히 공부를 할 것입니다. 평상시보다 약간 긴장하여 그동안 선생님께서 내 주신 각종 과제물과 필기 노트를 꺼내어 시험 대비에 박차를 가하겠지요. 또 이번에는 성적이 올랐으면 하는 기대감과 옆 친구보다 좀 더 좋은 성적을 받고 싶다는 마음에 자연스레 경쟁심이 마구마구 솟아날 것입니다. 시험을 좋아라 하는 사람이 없는데도 시험이 사라지지 않는 이유가 바로 여기 있습니다. 시험은 선의의 경쟁으로 학업 분위기를 조성하고 공부의 효율을 높여 주는 역할을 합니다.

이처럼 경쟁은 세상을 움직이는 중요한 힘입니다. 우리 사회도 마찬가지죠. 우리는 시장경제라는 체제 안에서 살고 있습니다. 시장경제 체제에서는 시장이 스스로 가격을 결정하고 그에 따라 자원이 배분됩니다. 그렇다면 왜 시장경제 체제를 유지하는 걸까요? 우리가 사용할 수 있는, 즉 생산과 소비에 사용할 수 있는 자원이 한정되어 있기 때문입니다. 그래서 한정된 자원을 꼭 필요한 곳에 필요한 만큼만 나누어 쓰는 일이 매우 중요합니다. 이때 시장이 제대로 작동해야지만 자원이 효율적으로 배분될 수 있으며, 경쟁은 그것이 잘 굴러가도록 도와주는 역할을 합니다.

우리 어머니들이 수산물을 살 때 어디로 가시던가요? 농산물은요? 아마 수산물을 살 때에는 노량진 수산 시장을, 농산물을 살 때는 가락동 농산물 시장을 가실 겁니다. 수산물이나 농산물만 그런 게 아닙니다. 전자 제품은 무슨 전자 상가, 가구는 무슨 가구 거리, 하다못해 떡볶이 하나 먹을 때에도 떡볶이 가게가 즐비해 있는 먹자골목으로 향합니다.

왜 우리는 물건을 살 때 무슨 종합 상가나 무슨 거리로 향하는 걸까요? 파는 사람들이 모여 있으면 제품을 서로 비교해 더 마음에 드는 걸 살 수 있고, 상인들이 모여 서로 경쟁하다 보면 훨씬 저렴한 가격에 훨씬 좋은 서비스를 제공받을 수 있기 때문입니다. 그렇다면 저렴한 가격에 물건을 파는 사람은 손해를 입을까요? 아닙니다. 컴퓨터를 파는 상인이 한번 되어 봅시다. 과연 어디로 가야 많이 팔 수 있을까요? 자신과 같은 목적을 가진 상인들이 몰려 있는 컴퓨터 종합 상가로 향하는 게 정답입니다. 경쟁자가 없다는 이유로 북한산 꼭대기나 인천 앞바다에 있는 이름 모를 무인도에 가는 건 어처구니없는 일입니다. 왜냐하면 그곳에는 경쟁자도 없지만 물건을 사는 소비자도 없기 때문입니다.

범위를 조금 넓혀 우리 사회, 우리나라 경제 전체를 생각해 봅시다. 만약 어느 기업이 기술 개발을 통해 다른 기업들보다 훨씬 싼 값에 상품을 공급하고 있다면 어떨까요? 당연히 많은 소비자들이 그 기업의 상품을 사겠다고 몰려들 것입니다. 그럴 경우, 다른 기업들은 더 좋은 기술을 개발하기 위해 저절로 노력을 하게 될 테고요. 이렇듯 시장경제에 존재하는 경쟁 때문에 기업들은 서로 더 좋은 품질의 제품을 싼 가격에 생산하려고 노력하고, 이는 우리가 가진 한정된 자원을 가장 효율적으로 배분하는 결과를 가져옵니다.

경쟁 vs. 독점

시장경제 체제는 **산업혁명**을 거치면서 형성되었습니다. 가장 먼저 산업혁명에 뛰어든 국가는 영국과 프랑스였습니다. 그때에는 프랑스의 국력이 영국보다 훨씬 더 강했습니다. 당시 프랑스를 이끌고 있던 루이 14세는 강력한 산업 육성 정책으로 산업혁명을 완성하려 했습니다. 그리하여 독점기업을 보호하는 정책을 펼치기 시작했습니다. 독점기업을 보호해 주면 그만큼 활발한 투자가 이루어질 테고, 그럴 경우 정부가 거두는 세금이 많아져 국가가 부강해질 것이라고 판단했습니다.

이와 반대로 영국은 독점기업을 보호하지 않고 여러 작은 기업들을 경쟁시켰습니다. 당시 영국의 여왕이었던 엘리자베스 1세는 경쟁에서 이긴 기업이 더 많은 상품을 생산하고 더 활발한 투자를 끌어낼 수 있는 정책을 펼쳤습니다.

서로 상반된 경제정책을 펼치던 두 국가의 기업들은 어떻게 되었을까요? 처음부터 정부의 보호를 받으며 출발한 프랑스의 기업과 경쟁 속에서 성장한 영국의 기업들이 세계시장에서 만나자 프랑스 기업들이 처참하게 무너져 버렸습니다. 결국 영국은 프랑스보다 먼저 산업혁명을 시작하게 되었고, 곧이어 세계를 제패하는 강대국이 되었습니다. 영국과 프랑스의 사례에서 알 수 있듯이 경쟁은 사회는 물론, 나라 경제를 발전시키는 데에도 도움을 줍니다.

소비자와 생산자는 시장에서 자율적으로 경제활동을 하면서 다양한 **경쟁**을 합니다. 그들이 경쟁을 하는 이유는 모두 자신의 이익을 위해서입니다. 예를 들어 기업들은 가격을 낮추기 위해 혹은 제품의 질을 향상시키기 위해 혹은 새로운 시장을 개척하기 위해 치열하게 경쟁하고 있습니다. 노동자들도 마찬가지입니다. 보다 좋은 일자리를 갖기 위해서 그리고 더 많은 임금을 받기 위해서 끊임없이 경쟁을 하죠.

이처럼 경쟁이 활발하게 이루어지면 이루어질수록 시장은 이상적인 모습을 갖추게 마련입니다. 수많은 생산자와 소비자가 모여 다양한 상품들을 거래할 때 자원이 효율적으로 배분되는 겁니다. 이처럼 경쟁이 가장 완벽하게 이루어지는 시장을 완전 경쟁 시장이라고 부릅니다. 하지만 현실적으로 이러한 시장은 존재하지 않습니다. 왜냐하면 완벽하게 경쟁이 이루어지고 완벽하게 자원이 배분되기란 불가능하기 때문입니다. 대신 이상적인 시장 형태의 기준이 되어, 현실에 존재하는 여러 가지 시장의 모습을 평가하는 데 쓰이고 있습니다.

경쟁이 사라진 시장은 어떨까?

만약 물건을 사려는 사람은 많은데 팔려고 하는 사람은 한 명뿐이라면 어떻게 될까요? 물건값은 계속해서 올라가고 반대로 서비스는 나빠질 것입니다. 이건 소비자에게만 나쁜 게 아닙니다. 물건을 파는 사람에게도 불이익이 갑니다. 왜냐하면 굳이 새로운 제품을 개발하거나 비용을 낮추려는 노력을 하지 않아도 되니까요.

이처럼 완전 경쟁 시장과는 달리 물건을 공급하려는 기업이 하나밖에 없는 경우를 **독점시장**이라고 합니다. 이러한 시장은 국민경제 전체적으로 봤을 때 효율성을 떨어뜨리고 자원을 낭비하는 부정적인 결과를 가져옵니다. 그래서 대부분 사람들이 독점기업을 좋지 않은 시선으로 바라보고 이를 규제하려고 하는 겁니다.

이와 비슷한 경우로 **과점시장**도 있습니다. 독점시장처럼 공급자가 하나는 아니지만 그 수가 많지 않은 시장을 말합니다. 수가 적긴 해도 과점시장에서도 경쟁이 일어나긴 합니다. 하지만 결국에는 독점시장과 비슷한 문제를 낳습니다. 소수의 기업들이 서로 입을 맞추어 가격을 올리는 등의 행동을 할 경우, 소비자들은 어쩔 수 없이 그 가격에 상품을 구입할 수밖에 없게 되니 사실상 독점시장이나 다를 바 없는 셈이죠. 그래서 독점시장과 과점시장을 합하여 독과점 시장이라고 부르기도 합니다.

독과점 시장이 나쁘다고 하니 종석이와 수지처럼 학교에 매점이 한 열 군데쯤 있었으면 좋겠다는 학생들도 나올 것 같네요. 하지만 학생 수는 얼마 되지 않는데 매점만 여럿 모여 있다면 모조리 망할 수 있습니다. 그렇게 되면 학생들이 매점을 이용할 수 없어 불편해질 것이고요. 이처럼 학교 매점처럼 경제의 규모가 작을 경우에는 독과점이 불가피할 때도 있습니다. 하지만 이런 경우를 제외하면, 독과점은 소비자에게도 국민경제에도 전혀 도움이 되지 않습니다. 그래서 여러 나라에서는 법을 통해 독과점 기업들이 불공정한 행위를 하지는 않는지 활발하게 감시하고 있습니다.

☆ 핵심 체크!

	완전 경쟁 시장	독점시장	과점시장
공급자의 수	공급자가 무수히 많다	공급자가 하나뿐이다	공급자가 여럿이지만 많지는 않다
필요한 정보의 공개	정보가 누구에게나 완전히 공개되어 있다	정보가 공개되어 있지 않다	정보가 공개되어 있지 않다
진입과 퇴출	누구든 시장에 참여하기 자유롭다	시장에 참여하기가 자유롭지 않다	시장에 참여하기가 자유롭지 않다

★제화

학교 화장실 휴지에 문제가 생겼다

"밖에 누구 없어요? 휴지 좀 주세요. 제발요."

"수지니? 뭐야. 휴지 없어서 못 나오는 거야? 이걸 줘야 하나 말아야 하나?"

"야! 이성아, 장난치지 말고 빨리 줘."

수지는 화장실 문틈으로 넘어온 휴지를 받는다.

"근데 이상한 게 하나 있어. 왜 학교 화장실 휴지는 쉽게 떨어질까? 우리 집 휴지는 떨어지는 일이 자주 없는데 말이지."

"그러고 보니 그러네. 나도 화장실 갈 때마다 느꼈던 게 새 걸로 갈아 두면 얼마 안 가 다 써 버린다는 거야. 눈 깜짝할 사이에 금방 사라져."

코끼리를 보호하라

아프리카의 열대우림이나 사바나에는 야생동물들이 많이 살고 있습니다. 그 가운데서도 코끼리는 특히 밀렵꾼들이 가장 많이 노리는 동물이죠. 코끼리의 어금니인 상아가 매우 비싼 값에 팔리기 때문입니다. 그래서 아프리카의 여러 나라에서는 코끼리 사냥을 금지하고 있습니다. 그들이 모여 사는 지역을 국립공원으로 지정하여 단속반이 나서서 늘 감시하고 있습니다.

그런데 아프리카의 국립공원은 우리가 지금까지 봐 왔던 동물원이나 놀이동산과는 차원이 다릅니다. 그 규모가 수십만 제곱킬로미터가 넘지요. 그래서 몇몇 사람이 열심히 단속한다 해도 그 넓은 지역을 완벽하게 감시하기란 불가능합니다. 게다가 밀렵꾼들의 꼼수 때문에 코끼리의 상아를 지키는 데 매번 실패하고 맙니다.

그러던 어느 날, 케냐의 한 국립공원에서 기발한 아이디어를 냈습니다. 그 지역에 사는 주민들에게 코끼리를 한 마리씩 나눠

주자는 생각이었습니다. 고양이나 강아지처럼 집에서 키우는 게 아니라 코끼리 한 마리 한 마리를 주민들의 소유로 등록해 준 거죠.

그 후 어떤 일이 일어났을까요? 놀랍게도 누가 시키지 않았는데도 주민들 스스로 자기 코끼리를 지키기 시작했습니다. 주민들의 적극적인 보호가 이어지자 코끼리의 수는 점점 늘어나기 시작했고, 더 많은 관광객들이 코끼리를 보러 국립공원을 찾았습니다. 관광객들이 코끼리와 사진을 찍거나 코끼리를 만지고 등에 탈 때에는 코끼리 주인에게 돈을 주었는데, 코끼리 주인들은 더 많은 돈을 벌기 위해서 자신의 코끼리를 더욱더 살뜰하게 보살폈습니다.

처음 그 제안을 들은 사람들은 개개인이 코끼리를 소유하게 되면 코끼리가 제대로 보호를 받지 못할 거라고 생각했습니다. 그런데 예상과 달리 코끼리들은 이전보다 더 많은 보호를 받았습니다. 왜일까요? 대부분 사람들은 자기 것은 아끼고 보호하려 하지만, 모두 함께 쓰는 공공시설이나 공공 자원은 꼭 아껴야겠다는 생각을 하지 않기 때문입니다. 아무래도 '우리 것'과 '내 것'은 엄연히 다를 수밖에 없나 봅니다.

생소한 용어, 배제성과 경합성

사람들이 유용하게 쓰는 물건들을 **재화**라고 합니다. 재화는 여러 가지 방식으로 구분할 수 있는데, 우선 대가를 지불해야 하는가 아니면 하지 않아도 되는가에 따라 자유재와 소비재로 나눌 수 있습니다. 자유재는 대가를 지불하지 않아도 누구나 이용할 수 있는 재화입니다. 햇빛, 공기, 바람 등이 자유재입니다. 반대로 경제재는 공급이 제한되어 있어서 대가를 지불해야지만 얻을 수 있습니다. 우리가 쓰고 있는 대부분 재화가 경제재입니다. 한편 경제재는 또다시 직접 소비의 대상이 되는 소비재와 기계나 원료처럼 생산에 이용되는 생산재 혹은 자본재로 나눌 수 있습니다.

그런데 재화를 구분하는 방법 가운데 조금 특별한 게 있습니다. 바로 배제성과 경합성입니다. **배제성**이란 말 그대로 다른 것을 배제한다는 뜻입니다. 동물원이나 놀이동산을 가면 입장료를 내고 들어가죠? 입장료를 내지 않으면 절대 들어갈 수 없습니다. 이런 상황을 조금 어려운 말로 '동물원의 이용으로부터 배제한다'라고 합니다. 이처럼 대가를 지불해야지만 재화를 사용할 수 있는 특성을 경제학에서는 배제성이라고 합니다.

반면 아파트 단지에 있는 놀이터는 돈을 내지 않아도 누구든지 이용할 수 있습니다. 놀이터는 동물원이나 놀이동산처럼 배제성이 없습니다. 그런데 놀이터에 갔는데 타고 싶었던 그네를 이미 다른 사람이 타고 있다면, 나는 어쩔 수 없이 그네를 이용할 수 없습니다. 그렇다면 그네를 타기 위해서 어떻게 해야 할까요? 경합, 즉 경쟁을 해야 합니다. 이런 성질을 경제학에서는 **경합성**이라고 부릅니다. 한 사람이 재화를 사용하면 다른 사람이 그 재화를 사용하는 데 제한을 받기 때문에 일어나는 현상입니다.

학교 휴지도 내 것처럼

우리가 시장에서 돈을 주고 사는 대부분 상품들은 모두 배제성과 경합성을 가집니다. 그리고 이런 재화는 개인들이 사적으로 소유했다고 해서 사유재라고 부릅니다. 그런데 반대로 배제성과 경합성을 가지지 않는 재화도 있습니다. 가령 국가에서 우리에게 제공하는 국방, 치안, 소방 서비스 등이 그렇습니다. 돈을 내지 않아도 누구나 마음대로 사용할 수 있고, 또 누가 먼저 사용하더라도 다른 사람이 사용하는 데에 아무런 지장을 주지 않습니다. 이런 재화를 **공공재**라고 합니다.

한편 경합성은 없지만 배제성을 가지는 재화도 있습니다. 전기나 수도, 철도, 도시가스 등이 이에 해당됩니다. 이런 재화들은 공공재의 특성은 갖지만, 너무 많은 사람들이 한꺼번에 이용하려고 하면 공급이 부족해질 수도 있습니다. 이럴 때는 공공재라 하더라도 좀 더 사용료를 받고 꼭 필요한 사람만 쓸 수 있게 조정할 수밖에 없습니다. 정부가 전기나 수도 요금을 받는 것도 바로 이런 이유 때문입니다.

이와 반대로 배제성은 없지만 경합성을 가지는 재화도 있습니다. 학교에서 함께 쓰는 휴지는 돈을 내지 않고도 누구나 사용할 수 있기 때문에 배제성이 없습니다. 하지만 다른 사람이 휴지를 먼저 다 사용해 버린다면, 그 다음 사람은 사용할 수 없게 되죠? 그래서 경합성을 띠는 겁니다. 이런 상품을 **공유 자원**이라고 부릅니다. 대개 사람들은 자기 물건은 아껴 쓰지만 공유 자원은 아껴 쓰지 않습니다. 다른 사람이 먼저 사용하면 자신이 사용하지 못하게 되니까 내가 먼저 써 버리자는 이상한 심리입니다. 결국 나중에는 이러한 심리 때문에 '공유지의 비극'이 일어나게 됩니다. 수지가 화장실에서 곤란을 겪은 이유도 이러한 비극에서 비롯되었고요.

하지만 너도나도 공유 자원을 낭비해 버린다면 나중에는 우리 모두 그 자원을 사용할 수 없게 될지도 모릅니다. 그러므로

공유 자원을 아껴 쓰도록 노력해야겠죠? 우선 학교 화장실에서
모두가 함께 쓰는 휴지부터 내 것처럼 아껴 쓰도록 합시다.

★ 핵심 체크!

	배제성 O	배제성 X
경합성 O	**사유재** 책, 음식, 옷, 자동차	**공유 자원** 우물물, 자연 상태의 동물이나 물고기, 무료 신문
경합성 X	**자연 독점 재화** 케이블 텔레비전 방송, 전력, 수도, 철도	**공공재** 국방, 치안, 소방, 지상파 방송, 공공 도로

학급비가 조금씩 사라지는 이유

불우 이웃 돕기 바자회 때 남은 물건들을 팔기 위해 학교 앞
재활용 센터로 간 종석과 수지.

"불우 이웃 돕기 바자회는 무사히 잘 끝냈어?"

"네, 생각했던 것보다 사람들이 많이 와 주셔서 좋았어요. 수
입도 꽤 짭짤하고."

"허허허. 보자, 원래는 10만 원에 살 생각이었는데 마음이 예
뻐 5,000원 더 주마."

"고맙습니다. 아저씨!"

뿌듯한 마음으로 학교로 돌아가는 길. 햇볕이 내리쬐는 무더운 날씨에 종석이는 금방이라도 쓰러질 것 같은 목소리로 말한다.

"수지야, 우리 아이스크림 하나만 사 먹자."

"안 돼! 그건 불우 이웃 돕기에 쓰기로 한 거잖아."

"그, 그런가? 근데 5,000원은 덤으로 챙겨 준 거니까 괜찮지 않을까? 그리고 우리가 이번에 얼마나 일을 많이 했니……."

"그…럴까? 하나 사 먹는다고 뭐라 하지 않겠지?"

나는 저축은행이 했던 일을 알고 있다
●●●●●●●●●●●●●●●●●●●●●●●●●●●●●●

'저축은행 사태'로 텔레비전이나 신문이 떠들썩했던 적이 있습니다. 이 사태로 여러 은행들이 문을 닫고 많은 사람들이 큰 손해를 입게 되었습니다. 도대체 어떤 문제가 있었길래 은행 하나로 사회가 소란스러웠을까요?

아마 저축은행이라는 이름에 '은행'이라는 말이 들어 있어 흔히 우리가 가는 은행과 비슷한 금융기관이라고 생각하기 쉽습니다. 그러나 예금을 하기 위해 주로 가는 은행과 저축은행은 엄연히 하는 일도 다르고 관련된 법규도 전혀 다른 별개의 금융기관입니다.

물건을 만드는 회사나 상품을 사고파는 가게가 망한다면 어떻게 될까요? 당연히 경제에 큰 영향을 끼칠 것입니다. 그런데 은행이 망한다면요? 은행은 돈과 신용을 다루는 곳입니다. 만약 은행이 망해 버린다면 은행에 예금한 수많은 사람들과 기업들이 큰 손실을 입게 됩니다. 집을 사려고 계약했다가 예금을 찾지 못하여 낭패를 겪는 사람도 있을 테고, 거래가 중단되는 바람에 노동자들의 임금이나 거래처에 주어야 할 결제 대금을 지급하지 못하는 기업도 생길 테죠.

이처럼 은행과 같은 금융기관에 문제가 생기면 그 파장은 일반 기업이나 개인이 잘못되었을 때보다 훨씬 큽니다. 그래서 은행과 관련한 규정은 늘 까다롭습니다. 은행을 설립하려면 많은 조건이 필요하며, 정부의 감독과 규제 또한 엄격합니다. 또 은행이 돈을 빌려 줄 때는 이것저것 세세하게 따져 본 다음에야 빌려 줍니다. 왜냐하면 경영이 어려워질 경우 빌려 준 돈을 받지 못할 수도 있으니까요. 그러다 보니 불편한 점도 많습니다. 급하게 돈이 필요한 개인이나 기업들의 경우, 좀 더 쉽게 대출을 받고 싶은데도 그럴 수 없을 때가 종종 생길 수 있습니다. 그래서 저축은행이 등장하였습니다. 저축은행은 적은 돈과 간단한 절차로 설립할 수 있으며, 경영에 대한 규정도 덜 엄격하기 때문에 더 쉽고 빠르게 돈을 빌릴 수 있죠.

하지만 규제와 감독이 느슨하다 보니 저축은행은 일반은행보다 사고가 발생할 위험도가 훨씬 높습니다. 저축은행 사태도 바로 이 때문에 나타났습니다. 뉴스를 떠들썩하게 했던 저축은행 사태는 몇몇 저축은행들이 경영 부실로 영업을 정지당한 사건으로, 그 원인을 조사했더니 놀라운 사실들이 드러났습니다. 저축은행의 대주주나 경영자들이 예금을 빼돌려 다른 곳에 투자하거나 개인 빚을 갚는 데 쓰는 경우도 있었고, 가족이나 친척에게 증여하거나 부동산이나 미술품을 사는 데 쓰는 등 도덕에 어긋난 일을 저지르고 있었던 겁니다. 고양이에게 생선 가게를 맡긴다는 말이 바로 이런 경우에 해당한다고 할 수 있겠네요. 경제학에서는 저축은행 사태와 같은 일을 **도덕적 해이**라고 부릅니다.

주인이 원하는 대로 일하지 않는 대리인

도덕적 해이라는 말을 사전적으로 풀이하면, 긴장이 풀려 마음이 느슨해지는 것처럼 도덕심도 느슨해지는 걸 말합니다. 그렇다면 도덕적으로 나쁜 일, 가령 거짓말을 하거나 도둑질을 하는 것도 도덕적 해이라고 할 수 있을까요? 경제학에서 도덕적 해이라는 말은 아주 특별한 경우에만 사용합니다. 주인과 대리인 사이에서 일어나는 문제에서만 그 말을 쓰고 있습니다.

다시 저축은행 사태로 돌아가 봅시다. 저축은행에 예금된 돈은 과연 누구의 돈일까요? 그 돈은 대주주도 경영자도 아닌 바로 예금자들의 돈입니다. 따라서 예금자가 주인이고, 저축은행의 경영자는 대리인이 됩니다. 대리인은 주인의 이익을 위해 성실하게 일을 해야 할 의무가 있습니다. 그들의 예금을 안전하게 지키고 이자를 불려서 돌려줘야 합니다. 그런데 저축은행의 경영자가 그 돈을 마구잡이로 끌어다가 마치 자신의 돈인 양 사업체에 투자하고 빚을 갚는 데 사용해 버린다면 결국 주인에게 손해를 입히고 맙니다. 바로 이런 행위를 두고 경제학에서는 도덕적 해이라고 합니다.

그 밖에도 공공시설을 지을 때 공무원들이 뇌물을 받고 부실한 기업에 공사를 맡기는 일, 프로 선수가 돈을 받고 승부를 조작하는 일 역시 도덕적 해이에 해당합니다.

참살구 vs. 개살구
．．．．．．．．．．．．．

도덕적 해이가 일어나는 이유는 무엇일까요? 정보의 비대칭성 때문입니다. 시장이 제대로 작동하려면 경제활동을 하는 모든 이해관계자에게 모든 정보가 완전히 공개되어야 합니다. 그래서 정보가 완전히 공개된 경우와 그렇지 않은 경우에 따라 시장의 모습이 달라지는 겁니다.

가령 학교 앞에 문방구가 두 곳 있는데, 똑같은 연필을 한 곳에서는 1,000원에 팔고 다른 곳에서는 2,000원에 판다면 어디에서 살 건가요? 당연히 1,000원에 파는 문방구에서 연필을 살 겁니다. 그런데 만약 1,000원에 파는 가게가 있다는 사실을 몰랐다면요? 그냥 2,000원을 주고 연필을 살 수도 있겠네요. 바로 이게 정보입니다. 무슨 대단한 국가 기밀이나 경영 기밀만 정보가 아니라는 말입니다.

시장에서 의사결정을 할 때 필요한 정보가 제대로 공개되어야 공정한 경쟁이 이루어지고, 공정한 경쟁이 이루어져야 시장이 제 역할을 제대로 할 수 있습니다. 그런데 어떤 사람은 정보를 갖고 있는데 어떤 사람은 그렇지 못하다면 공정한 경쟁이 일어날 수 있을까요? **정보의 비대칭성**이란 이처럼 누구는 정보를 갖고 있는데 누구는 그렇지 못하다는 뜻입니다.

참살구와 개살구를 먹어 봤나요? 참살구는 참 달고 맛있지만 개살구는 쓰고 시어서 못 먹습니다. 그런데 개살구와 참살구는 모양이 비슷해서 언뜻 눈으로 봐서는 이 둘을 구분하기 어렵습니다. 그래서 종종 개살구를 참살구에 섞어 파는 경우도 생기죠. 살구 장수는 어느 것이 참살구이고 어느 것이 개살구인지 알지만 이러한 사실을 숨겨 소비자들에게 파는 비도덕적인 행위를 저지르기도 합니다.

저축은행 사태 또한 경영자들이 그런 행위를 할 수 있었던 건 경영에 관한 모든 정보를 자기들만 알고 예금주들에게는 알리지 않았기 때문입니다. 예금주들은 경영자들이 당연히 자신들이 예금한 것을 성실하게 관리하고 있을 거라 믿고 있었을 텐데 말입니다.

도덕적 해이는 이익을 챙기려는 사람에게는 당장 이익이 될지는 몰라도 장기적으로 봤을 때에는 시장에 속해 있는 모든 사람에게 피해를 주는 결과를 낳습니다. 살구 시장도 마찬가지입니다. 살구 장수에게 속아서 개살구를 먹은 소비자들은 다시는 그곳에서 살구를 사 먹으려 하지 않을 테고, 그렇게 되면 살구 시장은 문을 닫을 수밖에 없을 것입니다. 결국 살구 장수는 소비자를 속여서 작은 이익을 얻으려 하다가 큰 이익을 놓쳐버리는 꼴이 되고 맙니다. 이처럼 도덕적 해이는 직접적인 관계를 맺고 있는 당사자에게만 손해를 입히는 게 아닙니다. 시장이 제대로 작동하지 못하게 방해하여 결국은 자기 자신에게도 손해를 입힌다는 걸 꼭 기억하길 바랍니다.

핵심 체크!

정보의 비대칭성 경제주체 간 가지고 있는 정보의 양과 질이 비대칭적	
감추어진 특성 – 상품의 유형	감추어진 행동 – 상대방의 행동

정보의 비대칭성	도덕적 해이
정보를 갖지 못한 자는 가장 바람직하지 않은 상대방과 거래를 하게 됨	정보를 가진 측이 최선의 노력을 다하지 않음
예) 중고차를 살 때 안 좋은 차를 비싸게 구입할 가능성이 높음	예) 화재보험 가입자가 보험을 믿고 화재 예방을 위한 노력을 소홀히 할 가능성이 높음

★투기

우리 학교 주변의 집값이 오르고 있대

등굣길에 학교 건설 현장을 지나가고 있는 종석과 수지.

"종석아, 여기 또 학교 짓나 봐."

"우리 학교 옆에 과학고가 들어온다네?"

"과학고? 이 주위에 학교 많은데 또 들어와?"

"그러게 말이야. 과고에 외고에. 우리 엄마가 그러던데 과고 까지 들어오면 집값이 막 뛸 거래."

"오호! 맹모삼천지교군."

"수지야, 뛰어. 과고고 집값이고 뭐고 지각하게 생겼어."

내 마음대로 집을 지을 수 있다면

혹시 '전세 대란'이라는 말을 들어 봤나요? 텔레비전이나 신문에서 전세금이 고공행진하고 있다는 이야기를 자주 접했을 겁니다. 이에 부모님이나 주변 어른들 또한 걱정이 많습니다. 주택은 대부분 가계에서 자산의 많은 부분을 차지하기 때문에 가격이 오르내리는 문제는 매우 중요합니다.

모든 상품의 가격이 수요와 공급으로 정해지는 것처럼 부동산 가격도 수요와 공급으로 결정됩니다. 그런데 부동산은 책이나 빵 같은 보통 상품들과는 다른 특징을 갖고 있습니다. 이 특징 때문에 부동산 가격이 다른 상품들에 비해 비교적 높고, 가격의 오르내림도 심한 것입니다. 도대체 어떤 특징을 가졌기에 부동산 가격이 심하게 요동치는 걸까요?

먼저 수요의 측면에서 봅시다. 우리가 가게에서 빵을 사는 이유는 먹기 위해서이고 옷을 사는 이유는 입기 위해서입니다. 그럼 집을 사는 이유는 무엇인가요? 물론 그 집에서 살려고 하는 이유도 있겠지만 반드시 꼭 그런 것만은 아닙니다. 집을 갖고 싶은 사람들도 집을 사지만 이미 집을 갖고 있는 사람들도 집을 삽니다. 그렇다면 왜 사람들은 집이 있는데도 또 다른 집을 사는 걸까요? 내가 산 집의 가격이 오르고 있다고 합시다. 이러한 상황에서 집을 팔게 되면 내가 샀던 가격보다 더 비싼 값을 받을 수 있어 이익을 보게 됩니다. 사람들이 집이나 건물 등과 같은 부동산을 사는 이유는 바로 이런 걸 기대하기 때문입니다. 이를 투기적 수요라고 하며, 이런 투기적 성격이 부동산 가격을 움직이는 겁니다.

공급 측면에서도 부동산은 다른 상품들과 다릅니다. 어린이들 사이에서는 뽀로로 캐릭터가 대단한 인기입니다. '뽀통령'이라 불릴 정도니까요. 이러한 인기에 힘입어 어느 빵집에서 뽀로로 모양의 빵을 만들었다고 가정해 봅시다. 너무 인기가 좋아 없어서 못 팔 지경이라면 뽀로로 빵 가격은 얼마나 오를까요? 아무리 인기가 좋아도 빵값이 갑자기 오르는 경우는 거의 없습니다. 빵이 부족하면 더 많이 만들면 되니까요. 옷도 자동차도 마찬가지입니다. 그래서 이런 상품들은 대개 가격이 안정적입니다.

하지만 부동산은 다릅니다. 부동산은 수요가 많다고 해서 금방 공급을 늘리기 어렵습니다. 우선 집을 지으려면 땅이 필요한데, 내 마음대로 땅을 늘릴 수도 없는 데다가 집을 짓는 일도 쉽지 않습니다. 공장에서 빵을 만들 듯 기계로 집을 찍어 낼 수 없기 때문에 가격이 심하게 요동치는 거죠.

기대가 큰 만큼 실망도 크다

　혹시 오늘 산 물건이 있다면 물건을 싸고 있는 포장의 뒷면을 한번 보세요. 권장 소비자 가격이 얼마라고 적혀 있을 겁니다. 여기서 알 수 있듯이 대부분 상품에는 미리 정해져 있는 가격이 있습니다. 그러나 부동산은 그렇지 않습니다. 아주 드물게 그 가격이 정해져 있기도 하지만, 대부분 부동산 가격은 살 사람과 팔 사람이 의논해서 결정됩니다.

　이때 무엇을 기준으로 자신이 사고자 하는 가격이나 팔고자 하는 가격을 정할까요? 바로 기대입니다. 경제학에서 **기대**는 자기 나름의 근거를 가지고 예상하는 행위를 말합니다. 만약 사람들의 기대가 모두 똑같다면 거래는 이루어지지 않겠죠? 모든 사람이 가격이 오를 것이라고 기대한다면 다들 사려고만 하지 팔려고는 하지 않을 테니까요. 하지만 사람마다 기대하는 수준은 천차만별입니다. 어떤 사람은 부동산 가격이 올랐으면 하고, 어떤 사람은 내렸으면 하죠. 부동산 가격이 오를 거라고 기대한 사람은 부동산을 사려 할 테고, 내려간다고 기대한 사람은 팔려고 할 것입니다.

　그런데 부동산 가격이 오를 것이라 기대하고 비싼 가격에 집을 샀는데 가격이 하염없이 떨어진다면, 그 부동산을 소유한 사람은 큰 손해를 보거나 파산할 수도 있습니다. 그래서 부동산 가격은 쉽게 예측하는 게 어렵습니다. 이처럼 부동산 거래는 위험성이 상당히 높기 때문에 그것을 사고팔아 이익을 보려는 행위를 **투기**라고 부르는 겁니다.

투기에는 모험적인 측면이 강합니다. 여기에는 가격이 급등하는 기회를 틈타 한탕을 노리는 심리가 깔려 있죠. 이러한 경제행위는 경제의 생산성을 높이기 위해 돈을 지출하는 투자와는 엄연히 다릅니다.

주식과 같은 금융 상품도 원래는 기업의 발전에 필요한 자금을 모으기 위해 만들어졌습니다. 하지만 기업의 실제 가치와는 별개로, 주식을 사고팔아 이익을 많이 남길 수 있을 거라는 기대가 커지면서 투자의 대상에서 투기의 대상으로 변하게 되었습니다. 그런데 기대가 크면 실망도 큰 법! 그저 실망하는 정도라면 괜찮겠지만 그중에는 가격이 오를 것이라 기대하고 빚을 내서 주식을 샀다가 파산하는 경우도 종종 있습니다. 그래서 투기는 매우 위험합니다.

기가 막힌 튤립값
· · · · · · · · · · · ·

그렇다고 부동산을 사고팔거나 주식을 사고파는 일이 모두 나쁜 건 아닙니다. 부동산 시장이나 주식시장에서 이루어지는 거래도 엄연히 경제활동의 일부이기 때문입니다. 문제는 부동산이나 주식 가격이 상승할 거라는 기대가 걷잡을 수 없이 커져버려 너도나도 투기에 나서려고 하는 데 있습니다.

'언젠가 오를' 부동산과 주식에 묶여, 실질적인 생산 활동에 써야 하는 돈이 줄어들면 문제가 커집니다. 사회에 투기 열풍이 불게 되면, 국가 전체적으로 봤을 때 생산성이 떨어질 수밖에 없습니다.

처음엔 분명 투기로 큰 이익을 보는 사람들도 있을 것입니다. 자신의 이익이 늘어나듯 경제 역시 성장하고 있다고 여겨지기도 합니다. 하지만 실상을 들여다보면 다 거품처럼 부풀어져 있어서 실제보다 과대평가되고 있다는 걸 알 수 있습니다. 이런 경제 상황을 두고 알맹이는 그대로인데 거품만 자꾸 부풀어 오르는 모습에 빗대어 **거품경제**라고 부릅니다. 거품경제란 부동산이나 주식 등의 투기에 불이 붙어 실질적인 생산 활동에는 큰 변동이 없는데 마치 호황인 것처럼 보이는 경기 상황을 가리킵니다.

사람들의 기대처럼 부동산이나 주식 가격이 무한정 오른다면 얼마나 좋을까요? 하지만 그런 일은 절대로 일어나지 않습니다. 그래서 큰 손해를 입고 파산하는 사람들이 잇달아 나타나는 겁니다. 그러다가 곧 전체적으로 소비가 위축되고, 순식간에 경기가 불황의 나락으로 떨어지게 됩니다.

실제로 1990년대 후반, 일본은 거품경제 때문에 큰 불황을 겪기도 했습니다. 일본의 평균 땅값이 미국의 100배에 이를 정도로 거품이 심했습니다. 그런데 그 거품은 순식간에 꺼져 버렸습니다. 그러자 일본은 곧 심각한 경제적 위기를 겪게 되었죠. 거품경제가 왜 위험한지 알겠죠?

또 투기와 관련하여 재미있는 이야기가 있습니다. 16세기 유럽의 귀족들 사이에서는 정원에 튤립을 심는 것이 유행이었습니다. 귀족들은 다른 사람들보다 더 예쁜 꽃을 피우기 위해 비싼 값을 주더라도 희귀한 품종의 튤립을 사들였습니다. 그러자 튤립 가격이 상상을 할 수 없을 정도로 크게 오르기 시작했습니다. 그리고 곧 투기로 번져 나갔습니다. 튤립 뿌리 하나가 집 한 채 값에 팔리기도 했으니 믿어지나요?

그런데 튤립을 사려는 사람들이 서서히 줄어들기 시작했습니다. 그러자 튤립 가격은 크게 폭락했고, 빚을 내서 비싼 값에 튤립을 샀던 사람들은 모두 파산하고 말았습니다. 이처럼 투기는 건강한 경제성장을 가로막는 위험한 존재입니다. 그러니까 지나치게 욕심을 낸 투기에는 항상 시장의 준엄한 심판이 뒤따른다는 걸 꼭 기억하길 바랍니다.

★구성의 오류

**이달의
저축왕은
나!**

전체 조회 시간, 교장 선생님께서 학년별로 '이달의 저축왕' 상장을 수여하신다.

"우와, 얼마나 모았길래 저축왕까지 되지?"

"좋겠다. 나도 저런 걸로 상이나 한번 받아 봤음 좋겠네."

조회 시간이 끝나고, 수지와 종석이는 아이들을 따라 교실로 들어간다.

"수지야, 나도 이제 저축왕이 될 거야. 오늘부터 군것질도 하지 않고 버스도 타지 않겠어. 저축! 저축! 저축만 해서 상장 받아야지."

때마침 수지와 종석이의 옆을 지나가던 선생님께서 둘의 대
화에 끼어드신다.

"오, 기대되네. 종석이가 이달의 저축왕이 되면 엄청 뿌듯하
겠는걸?"

"선생님, 기대하세요. 저축 많이 해서 자랑스러운 제자가 되
겠어요."

"하하하. 그런데 종석아, 저축만 열심히 하는 게 과연 좋은 일
일까?"

우리가 저축을 하는 이유

우리가 이용할 수 있는 자원은 한정되어 있습니다. 그래서 때
때로 이걸 선택하는 대신 저걸 포기해야 하죠. 군것질을 선택하
려면 게임기를 포기해야 하고 반대로 게임기를 선택하려면 군
것질을 포기해야 합니다.

그런데 선택의 문제는 이게 다가 아닙니다. 오늘 소비할까,
내일 소비할까 또는 일부는 오늘 사용하고 일부는 나중에 사용
하기 위해 남겨 둘 것인가 하는 문제에서도 우리는 선택의 기

로에 섭니다. 여기에서 후자의 선택, 즉 미래를 위해 자신이 가진 돈의 일부를 남겨 두는 걸 **저축**이라고 합니다.

저축은 개인이 계획을 세워 합리적으로 소비하기 위한 방법입니다. 동시에 나라 경제를 위해서도 꼭 필요합니다. 기업들이 더 많은 물건을 생산하기 위해서는 공장을 더 짓거나 기계나 원료를 더 많이 사야 합니다. 마찬가지로 정부나 지방자치단체도 기업의 생산 활동을 지원하기 위해서 도로를 닦고 다리를 놓는 등 공공시설을 건설해야 합니다. 여기에서 기업과 정부혹은 지방자치단체의 활동을 **투자**라고 합니다. 그렇다면 투자에 필요한 돈은 어디에서 나오는 걸까요? 저축에서 나옵니다. 사람들이 소비하지 않고 은행에 저축해 둔 돈이 투자의 재원인거죠.

그런데 만약 투자에 필요한 돈이 은행에 저축해 둔 돈보다 많아서 우리나라 안에서 해결할 수 없을 때는 어떻게 해야 할까요? 이런 상황이 발생하면 때때로 외국에서 돈을 빌리기도 합니다. 하지만 외국에서 돈을 빌리면 이자 비용까지 지불해야 하므로 무작정 빌려 온다고 문제가 다 해결되는 건 아닙니다. 행여 돈을 제때 갚지 못해 빚이 쌓이게 되면 우리나라의 신용도까지 낮아지기 때문에 되도록이면 외국에서 돈을 빌려 오지 않는 게 좋습니다. 우리가 미리 저축을 해 두어야 하는 이유는 이러한 사태를 막기 위해서입니다. 그래서 정부가 국민들을 대상으로 저축 장려 운동을 활발히 펼치는 겁니다.

저축을 너무 많이 하면 탈이 난다고?

저축은 개인적으로나 국가적으로나 꼭 필요합니다. 하지만 '과유불급'이라는 말처럼 아무리 좋은 거라도 너무 지나치면 나쁜 결과를 낳게 마련입니다. 만약 모든 사람이 소비는 하지 않고 저축만 한다면 어떻게 될까요? 사람들은 더 이상 물건을 사지 않을 테고, 그렇게 되면 기업들은 생산을 줄이거나 혹은 아예 중단해야 하는 지경이 됩니다.

그런데 문제는 여기서 끝나는 게 아닙니다. 공장이 문을 닫으면 실업자가 늘어나고, 실업자가 늘어나면 개인의 소득이 줄어 그만큼 소비 또한 줄어들게 마련입니다. 그리고 나중에는 더 많은 공장들이 문을 닫고 더 많은 실업자가 생기는 악순환이 반복되죠. 경제학에서는 이런 현상을 두고 **'저축의 역설'**이라고 합니다. 경제적으로 안정된 삶을 살기 위해 주야장천 저축만 했는데, 오히려 소득이 줄어서 저축을 하고 싶어도 저축할 돈이 없어지는 역설적인 상황을 맞이하게 되는 겁니다.

저축의 역설은 구성의 오류의 한 예입니다. **구성의 오류**란 부분적으로 타당해 보이는 원리가 전체적으로 봤을 때에는 성립하지 않는 경우입니다. 쉽게 말해서 개인의 입장에서 보면 옳다고 생각되는 행동이 사회 전체적으로 봤을 때에는 옳지 않은 행동을 말하죠.

경제학에서는 구성의 오류를 매우 중요하게 생각합니다. 그 이유는 가계나 기업과 같은 개별 경제주체들이 경제활동을 하는 원리와 나라 경제가 움직이는 원리가 서로 달라서 여러 문제를 야기하기 때문입니다. 저축의 경우에도 개인적으로는 칭찬 받아 마땅한 일이지만, 그게 너무 지나칠 경우에는 오히려 나라 경제의 흐름을 방해하는 결과를 낳기도 합니다. 즉 부분적으로는 타당할 수 있는 원리가 전체에는 적용되지 않는 일이 일어나는 것입니다.

점심시간을 떠올려 봅시다. 식당에 갔더니 친구들이 줄을 서 있습니다. 그런데 나는 얼른 점심을 먹고 나서 농구를 하고 싶습니다. 이럴 때 어떻게 해야 할까요? 새치기를 해서라도 먼저 밥을 먹어야 할까요? 그러면 나야 편하겠죠. 대신 많은 친구들이 나 한 사람 때문에 불편함을 겪어야 합니다. 이게 바로 구성의 오류입니다. 설상가상으로 다른 친구들 역시 새치기를 한다면 어떻게 될까요? 너도나도 먼저 점심을 먹겠다고 아우성을 치면 식당은 곧 아수라장이 되겠죠. 이처럼 구성의 오류가 심해지면 저축의 역설과 같은 혼란이 생기므로 점심시간에 새치기는 하지 않는 게 좋겠습니다.

망원경 vs. 현미경

나무를 자세히 보려면 당연히 숲으로 들어가야 합니다. 그런데 숲에 들어가면 나무는 자세히 볼 수 있을지언정 숲의 전체 모습은 볼 수 없게 됩니다. 전체를 보려면 숲 속이 아니라 숲 바깥으로 나가야 합니다. 이때 미시와 거시라는 개념을 대입할 수 있는데, 거시란 망원경으로 본다는 뜻이고 미시는 현미경으로 본다는 뜻입니다. 우리 눈으로 잘 볼 수 없는 미생물의 세계가 바로 미시 세계이고, 반대로 먼 우주의 세계가 거시 세계입니다.

경제 현상을 파악할 때도 마찬가지입니다. 경제학에서도 숲을 보느냐 혹은 나무를 보느냐에 따라 거시경제학과 미시경제학으로 구분됩니다. 가계나 기업과 같은 개별 경제주체의 경제 행위를 분석하는 걸 **미시경제학**이라고 하고, 나라 경제를 전체적인 관점에서 국민소득, 물가, 고용, 이자율, 환율과 같은 경제 변수들 간의 상관관계나 경제정책의 영향 등을 보다 폭넓은 시각에서 분석하는 걸 **거시경제학**이라고 합니다. 미시경제학이 나무 하나하나의 특성을 파악하는 거라면, 거시경제학은 숲 전체의 모양과 특성을 파악하는 거겠네요.

과연 나무를 보는 게 더 중요할까요, 숲을 보는 게 더 중요할까요? 나무를 보되 숲을 보지 못하면 어떤 한 분야의 전문가는 될 수 있지만 문제를 종합적으로 분석하고 대책을 만들기에는 한계가 있습니다.

반대로 숲은 보되 나무를 보지 못하면 어떤 분야에서도 전문적인 지식을 펼쳐 나가기가 어렵습니다. 하지만 이 둘을 동시에 보는 게 불가능하지 않습니다. 단지 어려울 뿐이죠. 어느 한 쪽의 오류에 빠지지 않도록 주의한다면 나무도 숲도 잘 보는 사람이 될 수 있습니다.

핵심 체크!

경제 현상	• 양극화 현상이 점점 심화되고 있음 • 명품점 매출이 늘어나고 있음
경제 예측	경제가 좋아질 것이다
경제 오류	**구성의 오류** 미시적인 관점으로 부분에 집착하다가 거시경제 전체를 잘못 판단함

★국민소득

공부도
달리기도
1등 할 거야

오후 2시, 종석이가 꾸벅꾸벅 졸고 있다.

"종석아, 왜 이렇게 조는 거야?"

"으응? 피곤해……."

"어젯밤에 도대체 뭘 했기에 아침부터 이러는 거래?"

"밀린 숙제하느라……."

"낮엔 뭐하고?"

"낮엔 달리기 연습……. 이번 주에 달리기 대회가 있거든."

"달리기에, 숙제에. 어휴, 지칠 만도 하네. 둘 중 하나는 포기하시지?"

"안 돼! 둘 다 잘할 수 있어. 수지야, 나 좀 꼬집어 봐."

두 마리 토끼를 다 잡을 순 없을까?
●●●●●●●●●●●●●●●●●●●●●●●●●●●

"두 마리 토끼를 다 잡기는 어렵다"는 말 들어 봤죠? 두 마리 모두 잡으려다가 잡고 있던 한 마리 토끼마저 놓쳐 버린다는 뜻으로 경제에서도 자주 쓰는 말입니다. 경제에서 두 마리 토끼란, 대개 경제성장과 물가 안정을 일컫습니다. 이 두 가지는 국민경제가 추구하는 가장 기본적인 목표입니다. 그런데 둘을 동시에 달성하기란 무척 어렵습니다.

경제성장이란 국민소득이 늘어난다는 뜻입니다. 그리고 국민소득은 고용과 연결되죠. 국민소득이 늘어나면 자연스레 일자리가 늘어나고, 일을 통해 얻은 소득이 늘어나면 자연스레 가계의 소비도 늘어납니다. 이렇게 되면 기업들은 더 많은 투자를 하기 위해서 은행이나 금융기관에서 더 많은 돈을 빌리게 될 것입니다. 이러한 변화에 맞춰 정부 역시 공공 지출을 늘리고, 늘어나는 수요에 따라 더 많은 돈이 풀리게 되어 물가가 오르게 됩니다.

반대로 물가를 안정시키려면 어떻게 해야 할까요? 기업에서는 생산을 줄이고 가계에서도 소비를 줄여야 합니다. 정부도 마찬가지로 공공시설을 짓거나 국민 복지에 들어가는 지출을 줄여야 합니다. 그 대신 세금은 더 많이 거두어야 할 겁니다. 그렇게 되면 경제성장률이 낮아져 일자리가 줄어들고, 결국 실업자가 늘어나는 결과를 낳습니다. 이처럼 경제성장과 물가 안정, 이 두 마리 토끼를 동시에 잡기란 참 어렵습니다.

다양한 이름을 가진 국민소득

국민소득이란 일정 기간 동안 우리 경제가 얼마나 생산했는가를 말합니다. 대개 1년을 기준으로 하여 우리 경제가 생산한 부가가치의 총계를 국민소득이라고 합니다. 여기서 부가가치란 생산과정에서 새롭게 부가된 가치로, 가령 100이라는 원료를 이용하여 120의 상품을 생산했다면 부가가치는 20이 됩니다. 원료로 사용된 100은 새로 생산된 게 아니기 때문에 부가가치 계산에서는 제외됩니다. 만약 120 모두 국민소득으로 넣으면 100이 두 번 계산되기에, 새로 생긴 부가가치인 20만을 국민소득에 포함시킵니다.

예를 들어, 밀의 부가가치를 100, 밀가루의 부가가치를 50, 빵의 부가가치를 80이라고 가정해 봅시다.

밀		부가가치 100
밀가루	밀 100	부가가치 50
빵	밀가루 150	부가가치 80

여기에서 올해 우리나라 국민소득은 얼마일까요? 각 생산단계에서 새로 생산된 부가가치를 모두 더하면 230(=100+50+80)이 됩니다. 혹시 여기에서 특이한 점을 발견했나요? 부가가치를 모두 더한 값이 가장 나중에 생산된 빵의 가치와 같다는 걸 알 수 있습니다. 그래서 국민소득은 부가가치의 합이라고 말하기도 하고, 최종생산물의 가치의 합이라고도 합니다.

국민소득을 가리키는 말들은 매우 많습니다. 국민총생산, 국내총생산, 국민총소득 등이 모두 국민소득을 가리키는 말입니다. 국민소득이 이렇게 많은 이름을 갖게 된 이유는 여러 가지 기준에 의해 국민소득이 계산되기 때문입니다.

국민총생산은 우리나라 국민이 생산한 **부가가치** 모두를 합한 것입니다. 여기에는 우리나라 국민이 외국에 나가 경제활동을 하여 발생한 부가가치도 포함됩니다. 국내총생산은 국내에서 생산한 부가가치를 모두 합한 것으로, 우리나라 국민이든 외국인이든 간에 국내에서 생산된 것이라면 그때 발생한 부가가치 모두를 포함시킵니다. 한편, 국민총소득은 국민총생산에 수출품의 가격과 수입품의 가격을 교환하는 비율인 교역조건의 변화를 반영한 것입니다. 만약 생산된 부가가치가 달라지지 않더라도 수출품의 가격이 상대적으로 비싸지면 더 많은 수입품과 교환할 수 있는데, 이럴 때는 국민총소득도 따라서 올라갑니다.

장보기가 두려워

혹시 시장에 다녀오신 어머니께서 물가가 너무 올라 장보기가 두렵다고 하는 말을 들어본 적 있나요? 아니면 대학생인 형이나 언니가 등록금이 너무 비싸 걱정하는 모습을 본 적은요? 전셋집을 구해야 하는 삼촌은 전셋값이 너무 올랐다며 걱정을 하고, 자가용을 가진 사람들은 휘발유값을 걱정합니다. 또 지하철이나 버스 같은 공공요금이 조금이라도 오르면 아우성을 치곤 합니다. 물론 모든 상품의 값이 한꺼번에 오르는 건 아닙니다. 오르는 게 있으면 내리는 상품도 있습니다.

그렇다면 물가가 올랐는지 또 올랐다면 얼마나 올랐는지는 어떻게 알 수 있을까요? 이러한 사실을 알기 위해선 뭔가 비교할 기준이 있어야 합니다. 이때 기준이 되는 것이 바로 물가지수입니다. **물가지수**는 기준 연도의 물가를 100으로 놓았을 때 올해의 물가수준을 보여 줍니다. 올해의 물가가 기준 연도보다 올랐으면 물가지수는 100보다 커질 테고, 내렸으면 100보다 작아질 겁니다. 올해의 물가지수가 105라는 말은 기준 연도와 비교했을 때 물가가 5%로 올랐다는 뜻입니다.

물가지수에도 여러 종류가 있습니다. 대표적으로 가장 많이 사용되는 물가지수는 소비자물가지수와 생산자물가지수입니다. 소비자물가지수란 소비자가 구입하는 상품이나 서비스의 가격 변동을 나타내는 지수입니다. 소비자들은 어디에 가장 관심을 두고 있을까요? 그들은 원료나 기계에 그다지 관심이 없습니다. 그런 상품들은 가격이 조금 변했다고 해도 자신의 소비 생활에 큰 영향을 주지 않으니까요.

대신 소비자들은 소비재나 서비스 가격에 민감하게 반응합니다. 그래서 그들이 관심 있어 하는 소비재와 서비스 가격을 소비자물가지수에 반영하는 겁니다. 다시 말해 소비자들의 생활에 영향을 주는 재화의 가격을 평균하여 수치화한 것이 바로 소비자물가지수입니다. 이때 상품의 가격 변화가 모두 똑같이 반영되는 건 아닙니다. 중요도에 따라 다르게 반영되기도 하고 때로는 아예 제외되기도 합니다. 어떤 상품을 포함시키느냐 또어느 상품에 가중치를 두느냐는 상황에 따라 달라집니다. 가령예전에는 연탄이 소비자물가지수에 큰 영향을 미쳤지만 요즘은 그렇지 않습니다. 반면에 예전에는 없던 휴대전화가 지금은아주 중요한 품목으로 부각되어 소비자물가지수에 영향을 주고 있죠.

반대로 생산자물가지수는 생산자들에게 필요한 원료나 연료, 기계 등의 상품들과 운송, 창고, 금융 등과 같은 서비스의 가격을 평균한 것입니다. 소비자들이야 이러한 것에 별 관심이 없겠지만 기업의 경영자들은 생산자물가지수가 얼마나 올랐는지혹은 얼마나 내렸는지에 매우 민감하게 반응합니다.

내가 느끼기엔 더 많이 오른 거 같은데?

그런데 이상하게도 정부가 발표하는 물가와 우리가 몸으로느끼는 체감 물가가 많이 다를 때도 있습니다. 시장을 다녀오신 어머니들은 "장바구니 물가와 다르다"고 하시는 이유가 이때문입니다. 정부는 물가가 지난해에 비해 5% 올랐다고 하는데, 막상 시장에 가면 농수산물 가격이 10%, 20% 이상 오른 경우도 많으니 그런 불만이 나오는 게 당연할지도 모릅니다. 그럼 정부가 물가지수를 잘못 계산한 것일까요?

소비자물가지수를 구성하는 여러 상품들 가운데는 가격이 오른 것도 있고 내린 것도 있습니다. 또 가격이 올랐다 하더라도 많이 오른 상품과 적게 오른 상품이 있습니다. 그런데 소비자들은 대체로 가격이 많이 오른 상품의 가격 변화에는 민감하지만 적게 오르거나 내린 상품의 가격 변화에는 무감한 경우가 많습니다. 장님 여러 명이 코끼리를 만져 보고 저마다 다르게 이야기하는 것처럼 말이죠. 대체로 소비자들은 전체 상품의 가격 변화는 잘 모르기 때문에 자신이 자주 소비하는 몇몇 상품들의 가격 변화만 가지고 그렇게 판단합니다. 그렇다고 소비자들이 장님이라는 건 아닙니다. 그런 오류를 범할 수 있기 때문에 오히려 더욱더 합리적으로 소비하여 소비자주권을 지키는 게 중요하다는 말이죠.

그렇다면 물가가 오르면 왜 나쁠까요? 물가가 오른다는 말은 가계가 구입할 수 있는 상품의 양이 줄어든다는 걸 의미합니다. 예전에는 만 원으로 빵 10개를 살 수 있었는데, 지금은 물가가 올라 5개밖에 살 수 없게 되었다면 가계의 소득이 줄어들었다고 볼 수 있겠죠?

한편 노동자의 입장에서 물가가 올랐다는 말은 임금이 줄어들었다는 의미입니다. 물가가 오른 만큼 임금도 오르면 좋겠지만 대개 임금은 물가가 오른 뒤에 따라서 오릅니다. 행여 오른다 하더라도 보통 임금은 물가보다 적게 오르기 때문에 임금이 줄어든 것 같은 느낌을 줍니다.

☆ 핵심 체크!

국민소득	
국내총생산	국민총생산
'국경'을 기준으로 측정	'국적'을 기준으로 측정
한 나라의 국경 안에서 일정한 기간(보통 1년) 동안 새로 생산한 재화와 용역의 부가가치 또는 모든 최종재의 가치를 합산한 것	한 나라의 국민이 국내외에서 일정한 기간(보통 1년) 동안 새로 생산한 재화와 용역의 부가가치 또는 모든 최종재의 값을 합산한 것

PART 3

세상에서
만나는
경제 이야기

경기변동 ★ 세금 ★ 화폐
이자 ★ 중앙은행 ★ 환율

이제는 집, 학교를 넘어 우리 사회, 우리나라,

그리고 전 세계로 시선을 넓혀 봅시다.

지금 세계경제는 어떤 것 같나요?

소소한 일상에서 시작하여 범지구적으로 이루어지는

경제활동까지 찬찬히 들여다보면,

세계경제 속에서 다양한 모습으로 움직이고 있는

자신을 발견할 수 있을 겁니다.

★경기변동

자선냄비가
가벼워지고 있다

"따뜻한 손길이 그 어느 때보다 절실한 요즘, 경기 불황으로 불우 이웃 돕기 성금이 예전 같지 않아 걱정이 큽니다. 최용원 기자가 보도합니다."

"최용원 기자입니다. 경기도에 있는 한 지역 아동 센터. 저소득층 가정의 아이들을 돌봐 주고 있습니다. 그러나 올해 모인 성금이 예전 같지 않아 걱정이 큽니다."

9시 뉴스를 시청하다가 종석이는 생각에 잠긴다.

"종석아, 무슨 생각을 그렇게 하니?"

"엄마, 사실 낮에 자선냄비를 그냥 지나쳤어요."

"우리 종석이가 그게 마음에 걸리는가 보구나?"

"내일은 친구들을 모조리 데리고 가야겠어요."

"하하하, 우리 종석이 대단한데?"

경기가 수상해
· · · · · · · · · · ·

신문이나 텔레비전 뉴스에서 경기가 어떻다 하는 이야기를 자주 들어 보았을 겁니다. 여기에서 **경기**란 경제의 상태를 말합니다. 경기가 좋다는 말은 경제의 상태가 좋다는 뜻이고, 반대로 경기가 나쁘다는 말은 경제의 상태가 나쁘다는 뜻이죠. 이때 전자의 상황을 **호황**이라고 하고, 후자를 **불황**이라고 합니다.

기업이나 가계에서는 경험을 통해 호황 혹은 불황을 판단합니다. 가령 기업은 생산이 늘어나면 경기가 좋다고 하고, 자영업자들은 판매가 늘어나면 경기가 좋다고 합니다. 또 외상으로 거래한 경우, 돈이 빨리 회수되어 자금 회전이 잘될 때 경기가 좋다고 판단합니다.

한편 가계는 임금이나 기타 소득이 얼마큼 늘어나느냐 혹은 줄어드느냐를 가지고 경기를 판단할 때가 많습니다. 경기가 좋을 때에는 생산이 늘어나기 때문에 일도 많아지고 그만큼 월급도 오르지만, 경기가 나쁠 때는 생산량이 줄어드는 만큼 월급도 줄어들어 때로는 일자리를 잃는 경우도 생깁니다.

그런데 개인 혹은 기업의 경험만으로 우리나라 경기 전체를 판단할 수 있을까요? 불황이라도 매출이 늘어나는 기업이 있고 반대로 호황인데도 매출이 줄어드는 기업도 있기 때문에 일부만 갖고 섣불리 판단해서는 안 됩니다. 그래서 한 나라의 경기는 생산, 소비, 금리, 환율 등을 모두 고려하여 경기를 판단합니다. 이때 한 나라의 경기를 판단하는 가장 기본적인 지표가 되는 게 소득입니다. 대체로 국민소득이 평균보다 높으면 호황, 평균보다 낮으면 불황이라 합니다.

불황을 싫어하는 사람들

사람들은 불황을 싫어합니다. 불황에는 주문이 줄어들어 생산이 줄어들기 때문입니다. 그렇게 되면 자연스럽게 판매도 줄어듭니다. 하지만 불황의 가장 큰 문제점은 **실업**과 연결된다는 점입니다.

실업이란 일자리를 얻지 못한 상태를 말합니다. 경기가 나빠지면 일거리가 줄어들거나 심지어 기업이 문을 닫는 경우도 생깁니다. 그렇게 되면 노동자 역시 직장을 잃고 맙니다. 자영업자도 마찬가지입니다. 장사가 안 되어 가게를 운영하는 게 어려워지면 자영업자 역시 일자리를 잃습니다. 직장을 잃으면 당장 필요한 생활필수품은 물론 집세, 학비 등을 충당할 수 없습니다. 이처럼 실업은 혼자만의 문제가 아니라 온 가족의 생계를 위협하는 매우 복잡하면서도 어려운 문제입니다.

그래서 정부는 실업 문제에 큰 관심을 갖고 실업률을 낮추기 위해 많은 노력을 하고 있습니다. 그런데 정부에서 발표하는 실업률과 국민들이 느끼는 것과 다를 때가 많습니다. 왜 그럴까요? 정부가 통계를 잘못 만들었을까요? 아니면 의도적으로 실업률을 낮춰서 발표한 걸까요? 서로 느끼는 실업률이 다른 이유는 계산 방법 때문입니다. 실업률은 실업자 수에서 경제활동인구를 나누어 계산하는데, 실업자를 규정하는 것이 다소 애매하다는 데 문제가 있습니다.

우리 주변에는 정해진 직장 없이 불규칙적으로 일을 하는 노동자들도 있습니다. 일이 생길 때에는 잠시 일하고 일이 없어지면 일을 하지 않는 사람들이죠. 그런데 이런 사람들도 취업자로 간주합니다. 1주일에 1시간만 일해도 취업자가 됩니다. 가령 실업자가 아는 사람의 가게 일을 1시간 도와주고 용돈을 받아도 취업자에 포함되는 것입니다.

또 일하고 싶은 마음이 없어서 직장을 구하지 않는 사람들은 실업자가 아닌 것으로 판단합니다. 이때 직장을 구할 마음이 있는지 없는지는 어떻게 알 수 있을까요? 정부는 이력서를 냈다든지 면접을 봤다든지 어떻게든 직장을 구하기 위해서 적극적으로 노력했다는 증거를 통해 이러한 사실을 판단합니다. 사람의 마음을 이 같은 문서로 판단하는 게 과연 가능할까요? 그리고 주부나 노인, 학생들도 경제활동인구가 아니라고 보기 때문에 실업자에 포함시키지 않습니다. 그런데 이들이 직장을 구하면 그때는 취업자가 된다고 하니 조금 이상하죠?

경기가 좋다고 마냥 좋지만은 않아

그렇다면 호황은 무조건 좋을까요? 꼭 그렇지만은 않습니다. 호황에는 생산도 매출도 이윤도 늘어납니다. 이에 따라 고용이 늘어나 실업자가 줄어들어 결국에는 개인 소득이 늘어납니다. 반대로 호황에는 물가가 상승한다는 문제가 있습니다. 물가가 오르면 그만큼 가계에 부담을 주게 됩니다. 하지만 가계와는 반대로 기업에서는 오히려 이익을 얻습니다. 이처럼 물가가 오르면 가계의 구매력을 떨어뜨리는 건 물론 기업과 노동자들 간에 소득분배 문제도 발생합니다.

호황이 가져오는 또 다른 문제점은 투기입니다. 빵이나 책 같은 경우, 가격이 오르면 그만큼 공장에서 더 많이 생산하면 되기 때문에 가격 상승률이 크지 않습니다. 하지만 부동산이나 미술품 같은 상품들은 가격이 오른다고 해서 더 많이 생산할 수 있는 게 아니기 때문에 다른 상품들에 비해 그 상승률이 큽니다. 그래서 물가가 오르면 부동산 투기나 미술품 투기와 같은 문제들이 더 많이 발생하는 겁니다.

이처럼 호황과 불황은 모두 장단점을 갖고 있습니다. 그렇다고 우리 마음대로 어쩔 때는 호황으로 또 어떤 때에는 불황으로 바꿀 수는 없습니다. 우리가 할 수 있는 건 각각의 상황이 가져오는 문제를 최소화하는 겁니다. 그래서 정부에서는 이러한 문제를 해결하기 위해 앞으로 호황이나 불황이 언제, 얼마나 올 것인가를 미리 예측하여 대비하려고 노력합니다. 그러한 노력의 일환으로 주기적으로 경기예측을 하고 있고요.

경기예측은 기업이나 개개인의 의사 결정에 많은 영향을 미칩니다. 기업에는 앞으로의 투자 계획이나 생산 계획 등을 세우는 데 도움을 주고, 가계에는 지금 집을 사야 할지 말지 혹은 주식을 사야 할지 팔아야 할지 등을 결정하는 데 영향을 줍니다.

이처럼 경기예측은 다양한 의사 결정과 연관되어 있기 때문에 정확하게 이루어져야 하며, 이를 위해 한국은행이나 통계청과 같은 정부 기관에서 매년은 물론 매달, 또 필요할 때마다 경기를 예측해서 그 지수를 발표하고 있습니다.

핵심 체크!

| 경기상승 | 투자증가 | 생산증가 | 고용증가 | 실업감소 |
| 경기하강 | 재고증가 | 생산중단 | 고용감소 | 실업증가 |

세금

중학생인 나도 세금을 내고 있다고?

"완전 배불러. 너무 과식했어."

"나도. 만 원에 무제한이라고 하니 평소보다 더 많이 먹은 것 같아."

용돈을 받은 종석이가 한턱 쏘기로 한 날. 수지와 종석이는 배가 터질 듯 먹고 일어나 계산대로 향한다.

"2만 2,000원입니다."

"네? 한 사람에 만 원 아닌가요? 이상하다, 분명히 만 원으로 봤는데……."

"아, 부가세 10% 포함해서 2만 2,000원입니다."

"부, 부가세요?"

메뉴판을 보니 아주 작게 '부가세 10%가 붙습니다'라는 문구가 적혀 있다. 결국 2만 2,000원을 지불한 종석의 표정이 썩 좋지 않다.

"뭐야, 그렇게 작게 적어 놓으면 어쩌자는 거야? 근데 수지야, 너 부가세가 뭔지 알아?"

"부가가치세의 준말 같은데……."

"부가가치세? 세금? 세금은 어른들만 내는 거 아니었어?"

내가 국가를 위해 할 수 있는 일

젊은 나이에 미국 대통령이 된 케네디 대통령은 세금에 관해 유명한 말을 남겼습니다. 대통령이 되기 전 국회의원에 출마하여 선거 유세를 하고 있는데, 한 청중이 그에게 이런 질문을 하였습니다.

"저는 국가가 나한테 해 주는 것도 없으면서 세금만 거두어 간다고 생각합니다. 당신이 국회의원이 되면 세금을 깎아 줄 건가요?"

내가 케네디 대통령이었다면 어떤 말을 했을까요? 표를 얻기 위해서 거짓으로라도 세금을 깎아 주겠다고 약속했을까요, 아니면 그냥 무시했을까요? 케네디는 이렇게 답했습니다.

"국가가 당신을 위해 무엇을 해 줄 것인가를 묻기 전에 당신이 국가를 위해 무엇을 할 것인가를 생각하십시오."

케네디의 이런 솔직한 태도는 유권자들의 호응을 얻었고, 그 덕분에 국회의원에 당선될 수 있었습니다.

케네디 대통령의 말처럼 국가가 나에게 뭘 해 주기를 바라기 전에 내가 먼저 국가에 대한 의무를 다해야 합니다. 그 의무에는 납세의 의무, 국방의 의무, 교육의 의무, 근로의 의무가 있습니다. 이를 국민의 4대 의무라고 합니다. 여기에서 납세의 의무는 매우 중요합니다. 왜냐하면 국가가 국민을 위해 어떤 일을 하려면 돈이 필요하기 때문입니다. 도로를 건설하거나 공공시설을 지을 때도 돈이 필요하고, 중학교까지 무상교육을 실시하는 일에도 의료보험이나 실업보험과 같이 사회보장제도를 운영하는 일에도 돈이 들어갑니다. 그렇다면 이 돈은 어디에서 오는 것일까요? 국민들이 내는 세금에서 나옵니다. 그렇기 때문에 세금은 정부가 국가재정을 조달하고 국가를 운영하기 위해 꼭 필요한 재원입니다.

세금을 분류하는 방법

세금에는 여러 종류가 있습니다. 먼저 누가 징수하느냐에 따라 국세와 지방세로 나뉘고, 세율을 어떻게 정하느냐에 따라 비례세, 누진세, 역진세로 구분할 수 있습니다.

그렇다면 이런 세금은 누가 내는 걸까요? 부모님은 소득이 있어서 세금을 내는 게 마땅하지만, 학생은 돈을 벌지 않기 때문에 세금을 내지 않는다고 생각하고 있지는 않았나요? 하지만 실제로 학생이든 어른이든 상관없이 우리 모두 다 세금을 내고 있습니다. 그것도 매일 내고 있습니다. 이처럼 우리가 모르는 사이에 빠져나가는 세금을 간접세라고 합니다.

대체 간접세가 뭐기에 돈을 벌지 않는 학생들에게까지 요구하는 걸까요? 세금은 납부하는 방식에 따라 직접세와 간접세로 나눌 수 있습니다. **직접세**는 세금을 내야 하는 개인이나 기업이 직접 납부하는 세금으로, 소득세, 법인세, 재산세, 상속세 등이 여기에 속합니다. 반면 **간접세**는 실제로 세금을 부담하는 사람과 그 세금을 직접 납부하는 사람이 다릅니다. 음식값을 지불하려던 종석이를 당황시켰던 부가가치세가 바로 간접세입니다. 책이나 학용품을 사고 난 뒤 받은 영수증을 한번 살펴볼까요?

```
경제문구점
--------------------
상품명    수량    금액
--------------------
공책       2     2,000

부가세 과세 물품액   1,818
부가가치세           182
--------------------
합계              2,000
```

물건값 속에 부가가치세라는 게 보이나요? 이게 바로 우리가 모르는 사이에 우리의 호주머니에서 나가는 세금입니다. 책이든 빵이든 물건을 살 때마다 세금을 내고 있는 셈이죠. 하지만 세금을 내기 위해 직접 세무서에 가지는 않습니다. 대신 물건을 판 기업이나 가게 주인이 냅니다. 이처럼 간접세는 물건이나 서비스에 매겨지는 세금으로, 부가가치세와 같은 물품세와 외국에서 수입한 상품에 붙이는 관세가 있습니다.

직접세 vs. 간접세

직접세는 소득이나 재산에 따라 누진적으로 적용되는 경우가 많습니다. 부유한 사람은 세금을 많이 내고 가난한 사람은 적게 내는 식입니다. 이처럼 직접세는 소득 격차를 줄이는 기능을 하여 소득재분배 효과가 있다고 합니다. 정부는 직접세를 통해 가난한 사람과 부유한 사람 간의 격차를 줄이고 있죠.

반면 간접세는 부자든 가난한 사람이든 모두에게 똑같이 적용되는 세금입니다. 부자가 음료수를 사 마시는 경우에도 가난한 사람이 음료수를 사 마시는 경우에도 똑같이 세금이 붙습니다. 공평성의 원리에서 보면 직접세보다 간접세가 더 옳다고 생각할 수도 있습니다. 하지만 간접세는 소득이 적은 사람일수록 소득에 비해 내야 할 세금의 비율이 높아져 납세의 부담감이 가중된다는 단점이 있습니다.

한편 정부의 입장에서는 간접세가 직접세보다 더 좋을 수도 있습니다. 직접세보다 더 걷기 쉽기 때문입니다. 직접세는 모든 사람의 소득이나 재산을 일일이 조사하여 그에 따라 세금을 거두어야 하는 번거로움이 있는 반면, 간접세는 소비자들이 물건을 구입할 때마다 자동으로 납부되기 때문에 정부로서는 매우 편리할 것입니다.

우리나라는 다른 선진국들에 비해 간접세의 비중이 높은 편입니다. 간접세가 걷기도 편하기 때문에 다르게 보면 정부가 효율적으로 세금을 사용하는 것처럼 보일지도 모릅니다. 그런데 간접세의 비중이 너무 높으면 직접세로 얻을 수 있는 소득재분배 효과가 약해질 수 있다는 문제점도 갖고 있습니다. 그래서 직접세와 간접세 가운데 뭐가 좋은지 판단하는 건 참 어려운 일이죠.

탈세를 막아야 한다

세금 납부의 의무가 꼭 필요하기는 하지만 납세자는 되도록이면 그 부담을 줄이고 싶어 합니다. 그런 마음에서 발생하는 현상이 절세 혹은 탈세입니다.

절세는 법이 허용하는 범위 내에서 세금의 부담을 줄이는 것을 말합니다. 평소 세금과 관련된 자료를 철저히 수집하고 정리하여 굳이 내지 않아도 될 세금을 최대한 내지 않는 거죠. 절세는 국세청에서도 적극적으로 권장하는 일이기 때문에 이와 관련된 정보를 얻어 세금의 부담을 더는 방법도 좋습니다.

이에 반해 탈세는 법의 규정을 무시한 채 막무가내로 세금을 내지 않는 행위입니다. 이건 엄연한 범죄입니다. 탈세가 많이 일어나면 어떻게 될까요? 세금을 내지 않는 부도덕한 사람들 때문에 성실하게 납세의 의무를 다하고 있는 사람들이 피해를 보게 됩니다. 그래서 정부는 이러한 사태를 막기 위해 다양한 노력을 기울이고 있습니다. 대표적으로 정부는 영수증 주고받기를 권장하고 있습니다. 거래가 이루어질 때마다 가게 주인이 영수증을 발급하고 손님이 그 영수증을 꼼꼼하게 챙긴다면, 가게의 소득도 전부 포착되고 손님이 낸 부가가치세도 빠짐없이 정부에 납부되니 성실한 납세자가 피해를 보는 일이 줄어들 겁니다. 그러므로 물건을 살 때에는 꼭 영수증을 챙겨야겠죠?

한편 국세청에서는 탈세를 막기 위해 '시민 탈세 감시단'도 운영하고 있습니다. 이는 사회 전반에 걸쳐 암암리에 이루어지는 탈세 행위를 감시하기 위해 시민의 힘을 활용한 방법입니다. 탈세와 관련된 비리가 줄줄이 제보된다고 하니 시민들의 힘이 상당해 보이네요.

핵심 체크!

직접세	vs.	간접세
• 소득이나 재산을 가지고 납부함 • 부유한 사람은 많이 내고 가난한 사람은 적게 냄	특징	• 소비지출에 함께 납부함 • 부자든 가난한 사람이든 모두 똑같이 냄
• 소득 격차를 줄임 • 부의 불평등을 해소할 수 있음	장점	• 소비할 때 포함되어서 납세에 대한 반감이 크지 않음 • 세금을 내는 과정이 편리함
• 세금을 직접 납부하기 때문에 반감이 심해짐 • 직접세의 비율이 높을 경우, 세금을 적게 내기 위한 편법이 발생할 수도 있음	단점	• 가난한 사람들에게 납세의 부담이 큼 • 부의 불평등을 심화시킴
• 소득세, 법인세, 상속세, 증여세 등	종류	• 부가가치세, 인지세, 증권거래세 등

★화폐

돈,
너의 정체를
밝혀라

종석이는 수지와 함께 새로 나온 게임기를 보고 있다.

"수지야, 이런 기능도 있어. 내가 본 것 중에 최고야. 지금 당장 사야겠어."

값을 확인하고 지갑을 들여다보는 종석. 그런데 돈이 부족하다.

"큰일이야, 돈이 모자라는데. 집에 가서 들고 오면 분명 팔려 버릴 거야."

"담에 사. 물건이야 계속 들어오겠지."

"안 돼. 혹시 내 가방이랑 교환할 수는 없겠지? 이게 게임기보다 훨씬 더 비싼데."

"그런 말도 안 되는 소리를 하냐? 얼른 가자."

종석이는 아쉬운 마음을 뒤로하고 가게 밖으로 나온다.

"근데 왜 말이 안 되는 거지? 이 가방 얼마 안 된 거야. 그리고 게임기보다도 훨씬 비싼데? 다시 팔아도 게임기보다 더 받겠다."

돌도 돈이 되는 곳

여러분이 무인도에 떨어졌다고 상상해 봅시다. 그런데 우연히 바닷가에서 주운 램프를 문질렀더니 요정이 나타났습니다. 램프 요정이 물었습니다.

"돈이 가득 든 상자와 빵이 가득 든 상자가 있습니다. 둘 중 하나를 골라 보세요."

과연 무엇을 선택할 건가요? 일상생활에서 돈은 여러 가지 의미로 사용됩니다. 가령 '돈을 많이 번다'거나 '돈이 많다'라고 할 때에 돈은 소득이나 재산을 가리킵니다. 그리고 돈이 많은 사람을 부자라고 부르죠. 그런데 돈이 많으면 왜 부자일까요? 돈은 먹지도 입지도 못하는 종이에 불과한데 말입니다. 그건 돈으로 할 수 있는 일이 매우 많기 때문입니다.

돈, 즉 화폐는 그 자체로는 거의 아무런 가치를 지니지 않습니다. 대신 우리가 필요로 하는 것과 교환할 수 있죠. 그런데 무인도에서라면 돈이 아무리 많아도 전혀 쓸모가 없습니다. 거기에는 돈을 주고 살 수 있는 음식도 옷도 없기 때문입니다. 하지만 우리가 살고 있는 시장경제에서는 다릅니다. 돈과 교환할 수 있는 상품들이 너무나도 많습니다.

만약 이 세상에 돈이 없다면 어떻게 될까요? 아주 먼 옛날, 사람들은 돈 없이도 물건과 물건을 직접 교환하면서 살았습니다. 당시에는 사람들이 사용하는 물건의 수나 양이 그다지 많지 않았기 때문에 직접 교환하는 데 큰 문제가 없었습니다.

재미있는 이야기로, 미국령인 어느 섬에 사는 부족은 석회석을 화폐로 사용했다고도 합니다. 그 화폐에는 우리나라 엽전처럼 가운데에 구멍이 뚫려 있는 형태로, 돌이 클수록 가치가 높았다고 합니다. 큰 돌은 그 무게가 몇 톤이나 나갔다고 하네요. 그렇다면 이 부족들은 어떻게 그 무거운 돌 화폐를 주고받았을까요? 가령 어떤 사람이 집을 산 대가로 돌을 주기로 했을 때 이렇게 말했다고 합니다.

"이제부터 그 돌은 너의 것이야!"

이런 말로 거래가 성립되었다고 하니 참 재미있죠? 하지만 교환이 빈번해지고 물건의 수와 종류가 늘어나면서 물물교환이 점점 불편해졌습니다. 내가 가진 곡식을 물고기와 교환하고 싶다고 했을 때, 그때 딱 맞춰 물고기를 가진 사람을 만나기 쉬울까요? 행여 물고기를 가진 사람을 만났다 하더라도 그 사람이 곡식이 아닌 다른 것과 교환하고 싶어 한다면 나와의 거래는 성립되지 않을 것입니다. 이처럼 교환은 서로가 서로에게 요구하는 게 같을 때에만 이루어집니다.

돈이 탄생하기까지

물품을 교환할 때 가장 인기 있었던 물건은 무엇이었을까요? 쌀이나 베였습니다. 누구에게나 필요한 물건이고, 잘 상하지도 않았으며, 필요한 만큼씩 나누어서 교환할 수 있었기 때문입니다. 그래서 사람들은 쌀이나 베를 지금 우리가 사용하는 돈처럼 생각하였습니다. 여기서 쌀이나 베와 같은 물건을 **물품화폐**라고 부릅니다.

그러나 쌀도 베도 돈으로 사용하기에는 불편한 점이 너무 많았습니다. 무엇보다 부피가 크고 무거워서 들고 다니기 어려웠습니다. 그래서 탄생한 것이 **금속화폐**입니다. 금이나 은을 적당한 크기로 만들어 돈으로 사용하였죠. 그런데 금이나 은 역시 그 양이나 순도를 속이는 약은 사람들 때문에 교환을 할 때마다 일일이 확인해야 하는 문제가 발생하였습니다. 그래서 국가에서는 금속의 양을 속이지 못하도록 금속화폐를 주조할 수 있는 권리를 엄격하게 제한하였습니다. 대신 국가의 허가를 받아 정식으로 주조된 화폐에는 왕의 얼굴을 찍어 그 가치를 보장해 주었습니다. 동전은 이렇게 나타났습니다.

오늘날 우리가 쓰는 500원짜리 동전에는 꼭 500원어치의 금속이 들어 있지 않습니다. 그러나 예전에는 반드시 500원어치의 금속이 들어 있어야만 500원짜리 동전의 기능을 할 수 있었습니다. 그래야 500원어치의 물건과 교환할 수 있다고 생각했습니다. 그래서 10원에는 10원어치의 금속을, 50원에는 50원어치의 금속을 넣어 동전을 만들었죠.

그런데 또 다른 문제가 발생했습니다. 교환이 빈번해지면서 금속화폐가 점점 더 많이 필요하게 된 것입니다. 그러자 곧 금과 은이 부족해지는 현상이 일어났습니다. 그래서 사람들은 생각을 바꾸었습니다. 어차피 국가에서 동전의 가치를 보장해 준다면, 굳이 그만큼의 금속이 들어가지 않아도 괜찮다는 생각을 한 것입니다. 국가가 가치를 보장해 준다면 그 형태가 어떻든 간에 크게 문제가 되지 않을 거라고 생각하였습니다. 그래서 지폐를 만들기 시작했습니다. 이렇게 생겨난 돈을 **법정화폐**라고 부르는데, 법으로 그 가치를 정한 화폐라는 뜻입니다. 지금 우리가 사용하고 있는 지폐가 탄생하기까지 엄청난 시간이 걸렸죠?

돈, 네가 하는 일이 뭐니?

화폐가 하는 역할은 매우 다양합니다. 가장 기본적으로 교환의 기능이 있습니다. 우리는 돈으로 더 많은 물건을 더 쉽게 교환할 수 있습니다. 교환이 많아지면 생산과 소비도 따라서 많아지겠죠. 이처럼 돈은 우리 몸 곳곳에 영양분을 날라 주는 혈액처럼 경제가 더 건강해지고 풍요로워지도록 도와줍니다.

두 번째로 가치를 재는 기능을 합니다. 운동화 한 켤레의 가격은 만 원, 겉옷의 가격은 십만 원 등으로 물건 하나하나에 그 가치를 부여하는 식이죠. 만약 화폐가 없다면 물건의 가치를 다른 물건과 일일이 비교해서 나타내야 하기 때문에 엄청 불편하겠죠?

세 번째로는 가치를 저장하는 기능을 합니다. 돈이 생기면 어떻게 하나요? 모두 다 써 버리나요, 아니면 나중에 쓸 것을 대비하여 일부는 모아 두나요? 만약 모아 둔다고 했을 때, 그것이 쌀이나 베라면 엄청 불편할 것입니다. 부피도 크고 오래 두면

변질되니까요.

　마지막으로 지불수단의 기능도 합니다. 관공서에 세금이나 수수료를 내야 할 때나 학교에 등록금을 납부해야 할 때, 쌀이나 베를 들고 가야 한다면 어떨까요? 아주 번거로울 테지요. 이러한 번거로움을 화폐 하나로 해결한다면 아주 간편해질 것입니다. 그런데 요즘에는 아예 돈을 들고 다니는 것도 귀찮고 잃어버릴 위험도 많아서 인터넷뱅킹처럼 자동 납부를 하는 경우도 많습니다. 이제 법정화폐를 넘어 **전자화폐**의 시대에서 살게 된 것입니다.

☆ 핵심 체크!

물품화폐	금속화폐	법정화폐	전자화폐
물물교환경제	화폐경제	화폐경제	신용경제
(조개·곡물·피혁)	(금화·은화)	(법화)	(사이버코인)

★이자

돈에도
값이 있다

 함께 사자성어 공부를 하고 있는 종석이와 수지. 갑자기 종석
이가 낄낄대기 시작한다.

 "조삼모사? 여기에 나오는 이 원숭이들 되게 바보야. 아침에
세 개, 저녁에 네 개나 아침에 네 개, 저녁에 세 개나 모두 똑같
은데……."

 "그런가? 난 좀 다른 거 같아."

 "응? 뭐가 달라?"

 "만약에 부모님이 용돈을 주신다고 하면, 오늘 받는 게 좋아,

아니면 내일 받는 게 좋아?"

"당연히 오늘 받는 게 좋지. 그래야 그동안 사고 싶었던 걸 살 수 있으니까. 헤헤."

"종석이 너도 원숭이들이랑 똑같네. 아침에 네 개, 저녁에 세 개 준다고 했을 때 만족해하는 원숭이들이나 오늘 용돈 준다고 좋아라하는 종석이 너랑 뭐가 달라?"

"헉! 내가 그 멍청한 원숭이들이랑 같다고?"

이자가 살 1파운드라고?
· ·

영국이 낳은 위대한 작가인 셰익스피어의 《베니스의 상인》을 읽어 본 적이 있나요? 그 희곡은 영화로도 여러 번 만들어졌을 정도로 대단한 명작입니다. 그 이야기의 일부를 소개할 테니 그들의 거래를 과연 어떻게 봐야 하는지 한번 생각해 봅시다.

베니스의 신사 바사니오는 명문가 아가씨 포샤에게 구혼을 하려고 했습니다. 그런데 큰 문제에 봉착하고 맙니다. 바로 돈이 없다는 것입니다. 그래서 안토니오는 친구인 바사니오를 위해 자신이 가지고 있던 배를 담보로, 고리대금업자인 샤일록에게 돈을 빌립니다. 샤일록은 정한 날짜에 돈을 갚지 못할 경우 살 1파운드를 받아 내겠다는 제안을 했고, 안토니오는 그 제안에 수긍하면서 증서를 써 주었습니다. 그런데 무역선들이 폭풍을 만나고 말았습니다. 결국 안토니오는 꼼짝없이 자신의 살 1파운드를 샤일록에게 내주어야 하는 위기를 맞게 되었습니다. 하지만 남장을 한 포샤가 베니스 법정의 재판관이 되어, 살은 주되 피는 절대 흘려서는 안 된다고 말했습니다. 다행히 안토니오는 살 1파운드도 주지 않고 그 재판에서 이기게 되었습니다. 그리고 샤일록은 선량한 신민의 생명을 빼앗으려고 한 죄로 전 재산을 몰수당하였고요.

샤일록이 안토니오에게 돈을 빌려 주는 대가로 요구했던 살 1파운드는 오늘날 우리가 흔히 말하는 이자인 셈입니다. 실제로 이렇게 끔찍한 일은 없겠지만, 경제활동을 하다 보면 안토니오처럼 돈을 빌리는 경우도 생기고, 반대로 샤일록처럼 다른 사람에게 돈을 빌려 줄 때도 있습니다. 이러한 맥락에서 보면 은행에 돈을 예금하는 일도 실은 돈을 빌려 주는 것과 마찬가지입니다. 은행이 돈을 필요로 하는 또 다른 사람에게 그 돈을 빌려 주기 때문입니다. 이때 돈을 빌린 사람이 그 대가로 지불하는 것이 바로 **이자**입니다.

지금은 돈을 빌릴 때 이자를 지불하는 게 당연합니다. 하지만 자본주의 경제가 나타나기 전, 사람들은 이자를 지불하는 일에 상당히 회의적이었습니다. 서양의 중세 교회에서는 이자를 받는 행위를 죄악으로 보고 그것을 금지할 정도였으니까요.

'조삼모사' 원숭이들은 똑똑해

송나라에 원숭이를 길러서 파는 저공이라는 사람이 있었습니다. 저공은 아침저녁으로 원숭이들에게 먹이를 네 개씩 주었습니다. 그런데 먹이값이 너무 올라 그 양을 줄일 수밖에 없었습니다. 그래서 저공은 원숭이들에게 아침에는 세 개, 저녁에는 네 개를 주겠다고 했습니다. 그러자 원숭이들은 불같이 화를 냈습니다. 저공은 고민 끝에 원숭이들에게 또 다른 제안을 했습니다. 아침에는 네 개, 저녁에는 세 개를 주면 어떻겠느냐고 말입니다. 그랬더니 신기하게도 원숭이들이 만족했다고 합니다.

중국의 고전인 《열자》에 나오는 이 이야기는 '얕은 꾀로 남을 속인다'라는 의미로 흔히 사용합니다. 아침에 세 개, 저녁에 네 개나 아침에 네 개, 저녁에 세 개는 결과적으로 똑같기 때문입니다. 그래서 사람들은 '조삼모사'에 나오는 원숭이들이 어리석다고 생각합니다. 그런데 정말 똑같을까요? 정말로 그 원숭이들이 멍청한 걸까요?

경제학자들은 아침의 네 개가 저녁의 네 개보다 더 낫다고 말합니다. 만약 부모님이 용돈을 주신다면 오늘 받고 싶나요, 아님 내일 받고 싶나요? 아마 종석이처럼 대부분 오늘 받고 싶어 할 것입니다. 부모님이 마음을 바꾸어 내일 주지 않을 수도 있으니까요. 그러니 불확실한 내일보다는 확실한 오늘, 용돈을 받는 게 나을 겁니다. 이렇게 보면 원숭이들이 어리석은 게 아니라 매우 영리하고 합리적이라는 걸 알겠죠?

이자가 발생하는 가장 중요한 이유 역시 대부분 사람들이 원숭이처럼 미래보다 현재를 선호하기 때문입니다. 경제학에서는 이를 시간선호라고 부릅니다. 가령 현재의 10만 원과 1년 뒤의 10만 원 중 하나를 택하라고 한다면, 대체로 현재의 10만 원을 선택할 겁니다. 그렇기 때문에 현재의 소비를 포기하고 다른 사람에게 돈을 빌려 주는 사람에게는 그만큼의 보상을 해 주는 게 당연하죠. 그리고 이때 보상으로 주어지는 것이 바로 이자입니다.

이자율은 어떻게 정해질까?

이자를 얼마나 주고받을 것인가, 즉 이자율은 어떻게 정할까요? **이자율**은 수요와 공급으로 결정됩니다. 정도의 차이는 있지만 대부분 사람들은 미래보다 현재를 선호합니다. 만약 미래보다 현재의 이익을 더 중요하게 생각한다면 더 높은 이자율을 요구할 것이고, 반대로 현재나 미래가 별 차이 없다고 생각하는 사람이라면 낮은 이자율로도 만족할 겁니다. 이러한 바람들이 모여서 평균적인 이자율이 생기는데, 이를 균형이자율이라고 부릅니다.

이자율을 따질 땐 물가를 가장 중요하게 생각합니다. 1억 원을 빌려 주고 10%의 이자를 받기로 했을 때, 1년 후에 물가가 7% 올랐다면 나에게 돌아오는 이자는 얼마일까요? 금액만 보면 1억 원의 10%이니까 1,000만 원의 이자를 받게 됩니다. 하지만 1년 사이에 물가가 올랐으니 1,000만 원의 가치도 달라졌겠죠. 따라서 물가상승률 7%를 빼서 계산하면, 실제 내 손에 들어온 이자의 가치는 불과 3%밖에 안 되는 셈입니다. 이처럼 물가를 고려하느냐 고려하지 않느냐에 따라 이자율의 실제 가치는 달라집니다. 이때 물가를 고려하지 않은 경우를 **명목금리**, 물가를 고려한 경우를 **실질금리**라고 부릅니다.

이자율은 경제활동에 중요한 영향을 미칩니다. 이자율이 높으면 사람들은 대체로 소비보다는 저축을 선택합니다. 왜냐하면 더 많은 이자를 받을 수 있기 때문이죠. 하지만 기업은 돈을 적게 빌리려고 할 겁니다. 반대로 이자율이 낮아지면 저축은 줄어들고 소비와 투자는 늘어날 것입니다.

이자율의 변동은 한 나라 안에서 이루어지는 경제활동뿐만 아니라 국가 간에 이루어지는 자금 이동에도 상당한 영향을 미칩니다. 만약 미국의 이자율이 우리나라보다 높으면, 투자자는 어느 나라에 투자를 하려고 할까요? 당연히 미국입니다. 반대로 우리나라의 이자율이 더 높으면 우리나라에 더 많이 투자할 것입니다. 이를 보면 자금은 이자율이 낮은 나라에서 높은 나라로 이동한다는 걸 알 수 있습니다.

이처럼 이자율의 변동은 경제에 상당한 영향을 주기 때문에 적절한 수준으로 유지하는 일이 매우 중요합니다. 이자율을 적정 수준으로 유지하는 일은 정부가 하는데, 그 정부 기관을 **중앙은행**이라고 부릅니다. 우리나라에서는 한국은행이 그 역할을 맡고 있습니다.

핵심 체크!

물가상승률을 고려했는가?	

YES	NO
실질금리	명목금리

★중앙은행

은행도 돈을
빌릴 때가 있다

"맙소사! 위조지폐를 만들어 사용했다고? 수지야, 이 기사 좀 봐. 5만 원 권 지폐 16장, 1만 원 권 2장 등 총 82만 원어치를 위조했대."

함께 신문 기사를 읽던 수지와 종석이가 지갑에서 만 원짜리 지폐를 꺼내어 불빛에 비춰 보기도 하고 손가락으로 문질러 보기도 한다.

"감히 지폐를 위조할 생각을 하다니! 참 대단해."

"그러게. 이걸 어떻게 만들었을까? 혹시 그 사람 한국은행이나 조폐공사랑 연관되어 있는 거 아니야? 나도 이참에 한번 만들어 볼까?"

"하여간 엉뚱한 건 이종석 네가 최고야!"

금융은 경제의 혈관이야

우리 생활과 떼려야 뗄 수 없는 휴대전화가 어떻게 내 손에 들어올 수 있을까요? 그 과정을 한번 생각해 봅시다. 일단 공장주와 원료 혹은 기계 생산자 사이에 거래가 이루어집니다. 필요한 원료와 기계를 산 공장에서는 노동자들의 생산 활동이 일어나겠죠. 그러면 공장주는 노동자들에게 일한 대가를 지불할 것입니다. 이렇게 생산된 휴대전화는 도매, 소매 등 상인들에게 유통되고, 소비자들은 원하는 휴대전화를 사기 위해 적당한 대가를 치를 겁니다.

이처럼 경제활동은 대체로 한쪽에서는 상품이나 물건이, 다른 쪽에서는 돈이 이동하면서 이루어집니다. 이때 물건이 생산되고 유통되고 소비되는 걸 실물경제라 하고, 돈이 이동하는 것을 화폐경제라고 부릅니다.

물론 옛날에는 돈 없이도 경제활동을 하였습니다. 그때에는 돈의 이동 대신 직접 물건을 교환했습니다. 이를 물물교환 경제라고 하죠. 하지만 이러한 경제활동이 가능했던 이유는 경제의 규모가 작고 교환도 가끔씩 이루어졌기 때문입니다. 그러나 경제의 규모가 예전에 비해 상상할 수 없을 정도로 커지고 교환도 무수히 많이 일어나는 오늘날에는 물물교환은 감히 상상도 할 수 없습니다. 교환을 할 때마다 물건을 들고 다녀야 한다면 얼마나 불편할까요? 아니, 불편한 정도를 넘어 경제활동이 제대로 이루어지지 않을 겁니다.

실물경제에서는 상품을 사고파는 행위가 일어납니다. 그렇다면 화폐경제에서는 어떨까요? 여기에서도 실물경제에서처럼 돈을 사고파는 경제활동이 일어날까요? 1,000원을 주고 1,000원을 산다는 건 매우 이상합니다. 아마 그런 경우는 보지도 듣지도 못했을 겁니다. 금융이란 돈을 사고파는 게 아니라 돈을 빌리고 빌려 주는 일입니다. 흔히 금융을 경제의 혈관에 비유하기도 하는데, 피가 잘 순환되어야 우리의 몸이 건강하듯이 금융이 잘 운용되어야 국민경제도 건강해진다는 뜻에서 그런 비유를 하죠.

금융이 잘 돌아가지 않는다면 투자와 생산이 위축되는 건 물론 나라 경제 전체가 어려워질 것입니다. 돈을 빌려 주고 싶은 사람은 돈을 빌릴 사람을 찾지 못하게 되고, 반대로 돈을 빌리고 싶은데도 금융이 잘 돌아가지 않으니 내 마음대로 할 수 없을 테니까요. 그러므로 경제가 활발하게 돌아가기 위해서는 일단 금융부터 튼튼해야 합니다.

은행의 은행, 정부의 은행

물물교환이 번거롭듯이 당사자들끼리 직접 만나서 돈을 빌리고 빌려 주려면 매우 불편할 겁니다. 그래서 금융기관이 존재하죠. 은행은 가장 대표적인 금융기관으로, 돈을 빌리려는 사람과 빌려 주려는 사람을 중개합니다. 그런데 만약 너무 많은 사람들이 한꺼번에 예금을 찾거나 돈을 빌리러 오면 어떻게 될까요? 은행도 가지고 있는 돈이 한정되어 있기 때문에 가끔은 모자랄 때가 있습니다. 그럴 때에는 어떻게 해야 할까요? 어쩔 수 없이 또 다른 은행에서 돈을 빌릴 수밖에 없습니다. 이때 은행에 돈을 빌려 주는 은행을 **중앙은행**이라고 합니다. 중앙은행이란 한 나라의 금융정책을 이끌어 가는 은행이라는 뜻으로, 우리나라에서는 한국은행이 그것입니다.

한국은행은 시중에 있는 일반은행들과는 다릅니다. 그래서 저축 통장을 만들고 싶어 한국은행에 간다 하더라도 통장을 만들 수 없습니다. 한국은행은 다른 은행처럼 일반인들의 예금을 받거나 그들에게 대출을 해 주는 곳이 아니기 때문입니다. 대신 한국은행은 시중에 있는 은행을 상대로 돈을 빌려 주거나 예금을 받는 일을 합니다. 그래서 한국은행을 '은행의 은행'이라고 부릅니다. 그만큼 다른 은행에 비해 중요한 역할을 하고 있다는 뜻이죠.

한국은행은 중요한 업무를 많이 하고 있습니다. 그중 하나가 세금을 받는 일입니다. 혹시 부모님께서 세금을 내기 위해서 은행에 가시는 걸 본 적이 있나요? 요즘엔 인터넷뱅킹으로 처리하는 경우가 많지만, 그것도 결국은 은행을 거치는 일이니 세금을 내기 위해서는 은행을 가야 합니다. 그런데 여기서 의문을 가질 수도 있겠네요. 세금은 원래 정부에 내는 것이라 알고 있을 테니까요. 세금을 낼 때마다 정부 기관인 세무서에 찾아가야 한다고 상상해 보세요. 매우 불편할 것입니다. 이러한 불편함을 없애기 위해 일반 은행들이 세금을 대신 받아 그 돈을 한국은행으로 넣는 일을 하고 있습니다. 이처럼 한국은행은 정부가 쓴 돈을 맡아 두기도 하고, 때로는 정부가 갑자기 돈을 필요로 할 때는 빌려 주기도 합니다. 그래서 한국은행을 '정부의 은행'이라고 부르기도 합니다.

돈의 양을 조절하라

지폐나 동전을 꺼내서 한번 들여다보세요. 모두 한국은행이라는 이름이 찍혀 있을 겁니다. 돈에 한국은행이라는 이름이 있으니 한국은행에서 돈을 발행하는 걸까요? 가끔 어른들이 경기가 어려울 때는 한국은행에서 돈을 더 많이 발행해야 한다는 이야기를 하시긴 하지만, 정작 돈을 찍어내는 곳은 한국은행이 아니라 조폐공사라는 국가기관입니다. 그런데 왜 조폐공사가 아니라 한국은행 이름이 들어가 있을까요? 돈을 직접 찍어내지는 않지만 '돈을 얼마나 발행할 것인가'하는 중요한 문제를 결정하기 때문입니다.

한국은행은 시중에 도는 돈의 양을 조절하는 일을 합니다. 이를 **통화정책**이라 하는데, 통화란 돈을 포함해 돈처럼 사용되는 여러 금융 상품들을 아울러서 지칭하는 말입니다. 한국은행이 돈의 양을 조절하는 가장 근본적인 이유는 국민경제가 안정적으로 성장할 수 있도록 하기 위해서입니다. 시장에 너무 많은 돈이 공급되고 있다면 어떤 문제가 발생할까요? 경기가 과열되고 물가가 비상식적으로 상승하는 문제가 일어납니다. 그런데 반대로 돈이 지나치게 적게 공급되면 경기가 침체되고 실업자가 늘어나죠. 이와 같은 비정상적 현상을 미리 막기 위해 한국은행이 나서서 통화량을 조절하는 것입니다.

이때 한국은행은 경제 상황에 따라 다양한 방법을 이용하여 통화량을 조절합니다. 그 가운데 가장 중요한 것이 바로 금리, 즉 이자율입니다. 이자율이 높으면 기업이나 가계는 되도록 돈을 적게 빌리려 하기 때문에 시중에 유통되는 돈의 양도 저절로 줄어듭니다. 반대로 이자율이 낮으면 더 많은 돈을 빌리려고 하여 시중에 도는 돈의 양이 늘어나게 되지요. 이러한 점을 고려하여 한국은행이 이자율의 나사를 조였다 풀었다 하고 있습니다.

이자율을 올렸다 내렸다 하는 것이 이상해 보이나요? 한국은행이 직접 여러 은행들에게 이자율을 올려라 혹은 내려라 하고 명령하지는 않습니다. 대신 다른 은행에 돈을 빌려 줄 때 이자율을 조정합니다. 시중 은행이 금융 거래를 할 때 바뀐 이자율을 사용하도록 유도하는 거죠. 이때 한국은행이 조정하는 이자율을 **재할인율**이라고 합니다.

한국은행이 재할인율을 인상하면 시중 은행들도 따라서 이자율을 올리고, 반대로 이자율을 내리면 따라서 이자율을 낮춰 더 많은 돈이 돌게 합니다. 이외에도 한국은행은 국채 시장에 개입하여 통화량을 조절하는 등 경제에 아주 중요한 영향을 미치고 있습니다. 그렇기 때문에 우리나라 금융과 경제 전체가 잘 운영되기 위해서는 무엇보다 한국은행이 중심을 잘 잡는 게 중요합니다.

맥도날드에서 빅맥 세트를 먹는 수지와 종석이. 배가 고팠는
지 허겁지겁 먹어댄다.

"어우, 맛있어. 근데 수지야, 우리나라 빅맥이랑 미국 빅맥이
랑 맛이 같을까?"

"별 차이 없을걸? 우리나라 맥도날드랑 거기랑 다르지 않을
테니까 말이지."

"그럼 가격도 똑같을까?"

"음, 빅맥 지수라고 그런 말 들어 본 거 같은데……."

"빅맥 지수? 그게 뭔데?"

수지는 스마트폰으로 '빅맥 지수'를 검색하기 시작한다.

"아! 이거다. 빅맥이 세계적으로 품질도 크기도 재료도 다 표준화되어 있잖아. 그래서 어느 곳에서나 비교가 가능하대. 간단히 말해서 각 나라에서 파는 빅맥 가격으로 그 나라의 통화가치가 어느 정도인지 가늠할 수 있다는 거지."

"표준화? 통화가치? 아, 몰라. 그냥 햄버거나 먹자. 이거 왜 이리 맛있냐?"

우리나라 돈을 달러로 바꾸려면
●●●●●●●●●●●●●●●●●●●●●●●

우리나라는 세계 8위의 무역 대국입니다. 무역 규모가 1조 달러가 넘으니 어마어마하죠? 그런데 우리나라가 일본에 상품을 수출하거나 수입할 때 어떤 돈을 주고받을까요? 우리나라가 쓰는 원화를 써야 할까요, 아니면 일본에서 쓰는 엔화를 주고받아야 할까요? 이처럼 우리나라와 다른 나라들 간에 무역이 이루어질 경우, 사용하는 돈이 다르다는 문제가 발생합니다. 그래서 이러한 문제를 해결하기 위해 무역을 하는 두 국가가 서로 합의하여 같은 화폐를 사용하자고 약속을 합니다. 이때 사용되는 화폐를 국제화폐라고 합니다. 국제화폐란 말 그대로 나라와 나라 사이에 사용되는 통화입니다. 그게 달러화도 될 수 있고 유로화 혹은 중국의 위안화도 될 수 있습니다.

우리나라 기업이 외국에 물건을 수출하여 그 대금으로 달러화를 받았다고 가정해 봅시다. 이제 기업은 그 돈을 우리나라 통화로 교환해야 합니다. 과연 우리나라 통화 얼마와 교환하면 될까요? 환율이 이러한 판단을 도와줍니다. **환율**은 돈과 돈을 교환하는 비율을 말합니다. 그래서 돈을 교환하기 전에는 우리나라 돈과 외환, 즉 외국 돈의 비율인 환율을 고려해야 합니다.

환율을 따져 돈의 교환 액수를 알았다면, 이제는 돈과 돈을 교환해도 좋습니다. 이를 환전이라고 하는데, 우리나라 은행에서 환전할 수 있는 외국 통화는 대략 30여 개입니다. 그 외의 외국 통화는 우리나라 은행에서 직접 환전할 수 없기 때문에 외국에서 달러나 다른 통화로 바꾼 후, 다시 우리나라 돈으로 바꾸어야 합니다.

환율은 일반적으로 외국 통화 1단위와 교환할 수 있는 우리나라 통화의 단위 수로 표시됩니다. '1달러=1,000원' 혹은 '1원=0.001달러'처럼 말이죠. 이때 전자의 표시법을 자국통화 표시법이라 하고 후자를 외국통화 표시법이라 하는데, 대부분의 나라에서 외국통화 표시법은 거의 사용하지 않습니다. 우리나라 역시 자국통화 표시법을 사용하고 있습니다. 그래서 환율이 올랐다고 하면, 우리나라 통화가 아니라 달러화 가치가 올랐다는 뜻이고, 반대로 환율이 내렸다는 말은 달러 가치가 내렸다 혹은 우리나라 통화 가치가 올랐다는 뜻이 됩니다. 그래서 자국통화 표시법으로 나타낸 환율은 그 나라의 돈의 가치와 반비례하는 양상을 보입니다.

햄버거가 환율을 결정하다

우리나라에서 1,000만 원 하는 자동차가 미국에서는 1만 달러라고 가정해 봅시다. 이때 미국 달러와 우리나라 통화는 어떻게 교환하는 게 좋을까요? 상품마다 가격의 비율이 조금씩 차이 나기 때문에 한두 가지 상품을 가지고 비교해서는 정확한 환율을 예측하기 어렵습니다. 그렇기 때문에 되도록 더 많은 상품들의 가격을 평균해서 비교해야 합니다. 이때 상품들의 가격을 평균한 것이 물가입니다. 물가는 환율을 결정하는 가장 기본적인 요인이죠.

그런데 환율이 결정되는 과정은 매우 복잡합니다. 물가 외에도 다른 많은 요인들이 영향을 주기 때문입니다. 그러다 보니 물가와 환율이 달라져 버리는 문제가 발생하였습니다.

사람들은 이런 문제를 해결하기 위해 머리를 맞대어 다양한 아이디어를 내기 시작했습니다. 어떻게 하면 문제를 해결할 수 있을까 고민하던 차에 비교하기 적당한 상품을 선택하여 환율과 물가를 비교해 보자는 의견이 나오게 되었습니다. 비교하기 적당한 상품으로 무엇이 있었을까요? 세계 여러 나라에서 판매되어야 하고, 가격이 비싸지 않으면서도 판매량이 많으면서 상품의 질이나 내용에 별 차이가 없다는 기준을 만족하는 상품을 찾다가 사람들은 빅맥에 주목하였습니다. 빅맥은 맥도날드에서 판매하는 햄버거입니다. 맥도날드는 100여 곳이 넘는 나라에 매장을 갖고 있습니다. 각 매장에서 파는 햄버거의 질이나 내용은 특별한 경우를 제외하고는 거의 다 똑같습니다. 그래서 환율을 비교하기에 매우 적당했습니다.

우리나라와 미국 환율이 1달러=1,000원이라고 가정해 봅시다. 그런데 미국에서 3달러에 팔리는 빅맥이 우리나라에서는 3,300원에 팔린다면 그 비율은 1달러=1,100원이 됩니다. 즉 우리나라의 환율은 1달러=1,100원이 적당하다는 뜻입니다. 그런데 공식 환율은 1달러=1,000원이니 환율이 물가에 비해 너무나도 낮은 셈이 되는군요.

이처럼 빅맥의 가격을 이용해서 환율을 비교하는 것을 두고

빅맥 지수라고 부릅니다. 이러한 빅맥 지수는 영국의 유명한 시사 잡지인 〈이코노미스트〉에서 매년 발표하고 있습니다. 빅맥 지수 외에도 코카콜라 지수, 스타벅스 지수, 심지어 애니콜 지수, 신라면 지수까지 나오니 세계의 많은 나라에서 팔리는 상품들에는 이러한 아이디어가 적용되나 봅니다.

빅맥 지수는 환율 외에 물가를 비교하는 데에도 사용됩니다. 가령 물가에 비해 환율이 낮다는 말은 거꾸로 하면 환율에 비해 물가가 높다는 뜻으로 이해할 수 있습니다.

또 빅맥 지수는 어떤 경우에 이용될까요? 임금 수준을 비교하는 데에도 사용됩니다. 빅맥 하나를 사 먹기 위해 몇 시간을 일해야 하느냐, 거꾸로 하루 8시간을 일하면 빅맥을 몇 개나 사 먹을 수 있는가를 비교하는 거죠. 최저 임금을 받고 하루 8시간을 일할 경우, 미국에서는 빅맥을 15개, 일본에서는 19개, 호주에서는 무려 31개나 사 먹을 수 있다고 합니다. 그럼 우리나라는 어떨까요? 겨우 9개밖에 사 먹지 못한다고 하네요. 이를 보면 우리나라의 최저 임금 수준이 선진국들에 비해 많이 낮다는 걸 알 수 있습니다.

환율은 요술쟁이야

환율은 국제무역이나 국경을 넘은 자본거래에서 매우 중요합니다. 왜냐하면 우리나라가 수출하는 상품을 더 싸게 만들기도 하고 때론 비싸게 만들기도 하기 때문입니다. 반대로 우리가 수입하는 외국 상품의 가격을 더 싸게 혹은 비싸게 만들기도 하죠.

우리나라에서 9,000원 하는 상품이 있다고 가정해 봅시다. 환율이 1달러=900원일 때, 이 상품은 미국에서 10달러에 팔릴 것입니다. 그러나 환율이 1달러=1,000원이면 같은 상품인데도 미국 시장에서 9달러에 팔립니다. 우리나라에서는 상품 가격이 전혀 변하지 않았지만, 환율이 오르면서 미국 시장에서 우리 상품의 가격이 더 싸진 겁니다. 반대로 우리나라에서 900원에 팔리던 1달러짜리 미국 상품이 이제 1,000원에 팔린다면, 수출과 반대로 수입이 줄어들 것입니다. 수출은 늘어나고 수입은 줄어드니 그만큼 국제수지는 더 좋아지겠죠.

하지만 환율이 오른다고 무조건 좋지는 않습니다. 외국 여행을 한다든가 외국에서 공부를 하고 있을 때는 그만큼 비용이 더 들기 때문입니다. 이보다 더 큰 일은 정부나 기업이 외국에서 돈을 빌려 왔을 경우, 원금을 갚는 데 부담이 커진다는 데에 있습니다. 외국에서 1억 달러를 빌려 왔다고 할 경우, 예전에는 900억 원을 갚으면 되었지만 이제는 1,000억 원을 갚아야 할 테니까요. 또 환율이 오르면 물가에도 나쁜 영향을 줍니다. 우리나라는 석유와 같은 에너지와 원료를 거의 외국에 의존하고 있기 때문에, 환율이 오르면 지금까지 9만 원에 사 오던 석유를 10만 원에 사야 하는 일이 발생합니다. 모든 일에는 언제나 좋은 면과 나쁜 면이 있게 마련이라는 교훈을 새삼 깨닫게 해 주는군요.

핵심 체크!

*1시간 일해서 사 먹을 수 있는 빅맥 개수

빅맥 지수를 통해 알 수 있는 사실
★ 우리나라 물가가 다른 나라에 비해 비쌈
★ 우리나라 최저 임금 수준이 다른 나라에 비해 낮음

보충 특강

계획경제 ★ 열등재 ★ 정부실패
다양한 세금 ★ 경제고통지수 ★ 저축의 날
★ 인플레이션 ★ 지불 준비금 ★ J-커브 효과

나와 떼려야 뗄 수 없는 게

경제라는 걸 느꼈나요?

그렇다면 나의 경제생활을 적극적으로 이끌 수 있는

경제독립인으로 성장해 봅시다.

지금까지의 나의 경제생활도 되돌아보고

앞으로의 계획도 스스로 세워 보는 건 어떨까요?

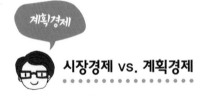

시장경제 vs. 계획경제
● ● ● ● ● ● ● ● ● ● ● ● ●

경제 체제란 개별적인 경제활동이 조정되는 틀을 말합니다. 이는 다양한 방식으로 나눌 수 있는데, 개별적인 경제활동의 조정 수단이 무엇인가에 따라 시장경제 체제와 계획경제 체제로 나누어집니다.

시장경제 체제에서는 모든 경제주체가 자유롭게 생산 활동을 하고, 생산한 물품을 시장에서 자유롭게 사고팔 수 있습니다. 이때 개인이 생산수단인 노동과 자본을 모두 소유합니다. 그래서 개인들은 각자 자신이 원하는 대상이나 목표, 예를 들어 직업이라든지 노동시간이라든지 혹은 구매하려고 하는 상품 등을 선택하고 소비할 수 있는 거죠. 즉 시장경제 체제에서는 개인과 기업이 스스로 '어떤' 상품을 '얼마나' 생산하고, 또 '어떻게' 생산하며, 그걸 '누가' 소비할 것인지와 같은 문제를 결정하여 경제활동을 이끌고 있습니다.

하지만 계획경제 체제에서는 시장이 아닌 국가가 이 모든 것을 다 결정합니다. 국가가 소비자들이 원하는 상품이 뭔지, '어떤' 상품을 '얼마나' 생산해야 할지를 파악하는 거죠. 그리고 나서 기업이 생산해야 할 상품의 종류와 수량을 계산하여 그 양을 결정해 줍니다.

그런데 과연 현실적으로 사람들이 원하는 게 뭔지 알아내고 그 소비량과 생산량을 정확히 결정할 수 있을까요? 국가가 아무리 노력한다 하더라도 그들의 요구를 파악하는 건 불가능합니다. 그래서 때로는 국민들이 원하는 게 아니라 국가가 자신의 목적을 이루기 위해 필요한 것을 생산하는 경우도 발생합니다. 그러다 보니 계획경제 체제에서는 경제적 요인뿐만 아니라 정치적인 요인이 저절로 개입되어 시장이 제대로 굴러가는 걸 방해한다는 문제점이 나타납니다.

시장경제	vs.	계획경제
개인이 자유롭게 경제활동을 할 수 있는 체제	의미	국가의 계획하에 경제가 운영되는 체제
개인의 자유로운 경제활동을 위한 구조 마련	정부역할	생산, 임금, 수출 등 모든 경제활동 통제
공정한 경쟁으로 인한 경제 발전	장점	공평한 분배
기업들 간의 과도한 경쟁으로 인한 피해 발생	단점	효율성 감소 및 정치적 요소 개입

기펜재와 열등재, 알쏭달쏭한 둘의 관계

기펜재와 열등재는 비슷하면서도 달라서 쉽게 이해하기 어려울 겁니다. 둘 다 일반적인 수요 법칙에 어긋나기 때문이죠. 하지만 확실히 그 개념이 다릅니다.

기팬제는 가격이 내려가는데도 수요가 줄어드는 상품이고, 열등재는 소득이 늘어나는데도 수요가 줄어드는 상품입니다. 즉 가격이 오를수록 수요가 증가하는 걸 기팬제, 소득이 줄어들수록 수요가 증가하는 걸 열등재라고 하죠.

왜 사람들은 가격이 내려가는데도 구매를 하지 않을까요? '싼 게 비지떡'이라고 값보다 질을 염려하는 심리 때문입니다. 신발을 사러 신발 가게에 갔다고 가정해 봅시다. 신발 가게에 있는 것 중 가장 싼 게 고무신이라고 했을 때, 어떤 선택을 할 건가요? 아무리 싸고 시간이 지날수록 가격이 내려간다 하더라도 끝끝내 고무신은 구매하지 않을 겁니다.

그렇다면 열등재에는 무엇이 있을까요? 햄버거, 피자 등과 같은 패스트푸드와 버스, 지하철 등 대중교통이 이에 해당합니다. 소득이 늘어나면 패스트푸드보다는 몸에 좋은 웰빙 푸드를 사 먹게 되고, 대중교통보다는 편한 자가용을 이용하기 때문입니다.

재미있는 경제 현상을 통해 둘의 관계를 좀 더 알아봅시다. A씨가 라면과 우동을 파는 포장마차를 개업했습니다. 개업을 하고 나서 판매를 살펴보니, 우동의 판매량은 급격히 줄어들고 라면의 판매량은 점점 늘어나고 있습니다. 이때 라면과 우동은 어떤 관계에 있는 걸까요?

① 라면은 열등재이다.
② 라면과 우동은 대체 관계에 있다.
③ 라면은 기펜재가 될 가능성이 있다.
④ 라면과 우동은 대체 관계이므로 우동도 열등재이다.
⑤ 라면 가격을 올리면 우동 수요는 늘어난다.

틀린 설명은 바로 ④번입니다. 여기에서 우동은 정상재, 라면은 열등재입니다. 그리고 소득 증가에 따라 판매량이 반대 방향으로 움직였기 때문에 두 제품은 대체 관계에 있다고 할 수 있습니다.

열등재인 라면 가격이 하락하면 판매량이 어떻게 변할까요? 만약 소득이 늘어나고 있다면 아무리 가격이 하락하더라도 라면 판매량은 늘어나지 않을 겁니다. 오히려 라면 판매량은 점점 더 줄어들게 되죠. 이처럼 대체효과보다 소득효과가 더 클 경우에는 가격 하락이 판매 증가로 연결되지 않습니다. 그래서 열등재인 라면이 기펜재가 될 수도 있겠네요.

둘의 관계를 정리해 봅시다. 기펜재는 열등재의 부분집합, 즉 기펜재는 모두 열등재이지만 열등재 가운데는 기펜재가 아닌 경우도 있다고 요약할 수 있습니다.

시장이 실패하는 것처럼 정부도 실패한다

시장이 실패하는 것처럼 정부도 실패할 수 있습니다. 시장이 자원을 효율적으로 배분하는 데 실패했을 때, 정부는 이를 해결하기 위해 시장에 개입합니다. 그런데 문제 해결에 도움이 되기보다는 오히려 시장이 자원을 효율적으로 배분하는 것을 방해하는 경우도 발생합니다. 이를 두고 "정부가 실패했다"고 하죠. 쉽게 말해, 정부가 자신의 역할을 너무 강조한 나머지 또 다른 문제가 발생해 버린 겁니다.

정부가 시장에 개입하려면 시장경제에 맞는 전문성과 구조를 가지고 있어야 합니다. 그런데 불완전한 정보와 지식을 가지고 문제점을 해결하려고 한다든지, 시장경제에 맞지 않은 관료제적 구조가 강하다든지 혹은 부정부패 등으로 정부가 제대로 된 기능을 하지 못하고 시장에 개입할 때 이런 문제가 일어납니다.

이를 해결하기 위해서 정부는 행정 절차를 간편하게 개편할 수도 있고, 빠른 의사결정을 위해 규제를 완화할 수도 있습니다. 하지만 무엇보다 시장경제에서는 정부가 직접 개입하기보다는 가급적 멀리 떨어져서 경제활동을 하는 당사자들이 서로 잘 협의할 수 있도록 하는 게 중요합니다. 정부는 다만 경제가 잘 굴러갈 수 있는 구조와 환경을 만들어 주면 됩니다.

	시장실패	정부실패
원인	• 공공재의 존재 • 외부경제 · 외부불경제 • 사기업의 독과점 존재 • 소비자와 공급자 사이의 정보의 비대칭성 · 불완전성 • 소득분배의 불공평성	• 공공재의 속성 • 정부 정책으로 인해 비의도적 파생 효과 • 비효율적 조직 • 국민과 정부 사이의 정보의 불충분성
대책	정부 규제 및 정부 개입	민영화 및 규제 완화

너무나 많은 세금의 종류

　물건을 살 때도 음식을 먹을 때도 계약서를 작성할 때도 소득과 재산이 있거나 거래가 이루어지는 곳에는 늘 세금이 따라다닙니다. 평소에 딱히 세금을 내고 있다는 걸 체감을 하지 않기 때문에 나는 세금을 내지 않는다든가 아주 일부만 내고 있다고 생각하면 오산입니다. 우리가 내야 하는 세금에는 어떤 것들이 있는지 그리고 그 세금들은 어떻게 다른지 평소에도 관심을 갖고 알아야 할 필요가 있습니다.

　일단 세금은 누구에게 내느냐에 따라 국세와 지방세로 나뉩니다. 중앙정부가 징수하는 걸 국세, 지방정부가 징수하는 세금을 지방세라고 하죠. 이 지방세는 다시 도세와 시군세로 나뉩니다. 현재 우리나라는 국세가 전체 세금의 90% 이상을 차지하고 있습니다.

　한편 세율에 따라서도 나눌 수 있습니다. 세금을 부과할 때 기본이 되는 대상을 과세 대상이라고 합니다. 그리고 각각의 조세는 서로 다른 과세 대상을 가지고 있습니다. 이때 과세 대상의 크기에 세율을 적용하여 세금이 결정되는데, 이 세율 구조가 누진적인가, 비례적인가, 역진적인가에 따라 누진세, 비례세, 역진세로 분류할 수 있습니다.

누진세란 과세 대상이 커질수록 세율도 증가하는 세금입니다. 비례세는 그 크기에 관계없이 동일하게 적용되는 경우입니다. 그런데 누진세와는 반대로 과세 대상이 커질수록 세율이 낮아지는 걸 역진세라고 합니다.

이외에도 소득 형성과 처분 과정에 따라 소득세와 지출세로, 거래상의 위치에 따라 매출세와 매입세로, 과세 대상에 따라 일반세와 부분세 등으로 나눌 수 있습니다.

세금의 종류와 분류 기준을 알고 있다면 우리가 내야 할 혹은 내고 있는 세금에 대한 이해가 훨씬 쉬워질 것입니다. 세금이 우리 생활에서 빼놓을 수 없는 만큼 똑똑한 납세자라면 어느 정도 관심을 갖는 게 좋겠죠?

기준	세금의 종류		
누가 징수 하느냐	국세		지방세
	중앙정부 기관인 국세청 소속의 세무서에 내는 세금		지방자치단체에 내는 세금
세율을 어떻게 정하느냐	누진세	비례세	역진세
	소득이나 재산이 많으면 많을수록 높은 세율이 적용되는 세금	모든 납세자에게 동일한 비율로 정해 받는 세금	소득이나 재산이 많으면 많을수록 낮은 세율이 적용되는 세금

경제도 때론 아파한다

경제도 때론 고통에 몸부림칩니다. 여기서 몸부림치는 대상은 국민들입니다. 국민들이 경제를 어떻게 느끼느냐에 따라 시장의 움직임과 정부의 정책이 달라지기 때문에 이러한 상황을 파악하는 건 매우 중요합니다. 그렇다면 어떻게 그 정도를 알 수 있을까요? 정부는 국민들이 느끼는 경제적 어려움을 수치화하여 주기적으로 발표합니다. 이 수치를 경제고통지수라 하는데, 대개 일정 기간 동안의 물가 상승률과 실업률을 합한 다음 소득 증가율을 빼서 나타냅니다.

이 개념은 미국의 아서 오쿤이라는 경제학자가 실업률이 1% 증가하면 국민소득이 3% 줄어든다는 사실을 발견하고 만들었습니다. 이렇게 해서 나온 경제고통지수에 따르면, 수치가 높다는 건 실업률이나 물가 상승률이 높아져 국민들이 느끼는 경제적 어려움이 크다는 걸 의미하고, 반대로 낮다는 건 경제적 어려움이 그만큼 적다는 걸 뜻합니다.

미국의 경제 연구 기관에서는 물가 상승률과 실업률을 매년 국가별로 측정하여 경제고통지수를 발표하고 있습니다. 우리나라의 경우는 LG경제연구원에서 물가 상승률, 실업률을 비롯하여 어음 부도율과 산업생산 증가율을 활용하여 경제고통지수를 발표하고 있죠.

이 지표는 각국의 국민들의 삶의 질을 비교할 수 있도록 도와줍니다. 예를 들어, 물가 상승률이 연 4%이고 실업률이 5%일 때, 경제고통지수를 계산하면 9가 됩니다. 실업률이나 물가 상승률이 높을수록 경제고통지수가 높게 나타나며, 이는 곧 삶의 질이 낮다는 걸 뜻하니 정부에서는 국민들이 경제에 고통받지 않게 노력해야 할 것입니다.

자료 : 통계청, 경찰청, LG경제연구원

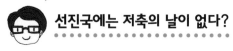

선진국에는 저축의 날이 없다?

매년 10월 마지막 화요일은 '저축의 날'입니다. 저축의 날은 말 그대로 정부가 저축을 장려하기 위해 만든 날입니다. 이 날에는 저축을 많이 한 사람들에게 상을 주기도 하고, 저축에 관한 글짓기나 그림 그리기 대회도 열리지요.

그런데 요즘은 저축의 날에 대해 잘 모르는 사람들이 많습니다. 예전에 비해 행사의 규모가 많이 줄어들었고 적극적으로 알리지도 않기 때문입니다. 그 이유는 무엇일까요? 우리나라의 경제 규모가 개발도상국에서 선진국으로 성장했기 때문입니다.

개발도상국에서는 보통 저축이 부족하기 때문에 소비를 줄이고 저축을 많이 하도록 권장합니다. 개인이 저축한 돈으로 투자를 해야 하기 때문이지요. 그 돈으로 도로를 닦고 건물을 세우는 등 기반시설을 만들거나 기업을 지원합니다. 그런데 선진국이 될수록 저축에 비해 소비가 부족한 경우가 자주 나타납니다. 사람들이 가정이나 노후를 위해 돈을 쓰는 대신 은행 등에 묶어두기 때문이죠. 이미 기반시설은 마련되어 있고 내수 경제가 잘 돌아가야 할 텐데 돈은 시장에서 사라지는 현상이 일어납니다. 그래서 정부는 저축을 권하기보다 소비를 이끌어 경제를 활성화시키기 위한 여러 정책들을 펼치지요. 소비가 늘어나면 그만큼 서비스 산업이 늘어나 일자리도 늘어나고 이른바 돈이 돌아가는 선순환 구조가 생겨나기 때문입니다. 그래서 일부 나라에서는 저축을 권하는 대신 대출을 권해서 사람들이 집이나 차를 사도록 하기도 합니다. 그 부작용으로 미국에서 이른바 모기지론 사태가 벌어지기도 했지만요.

우리나라의 저축률은 2000년대에는 상당히 줄어들었다가 최근에 다시 높아지고 있습니다. 아마도 낮은 금리와 느린 성장으로 저축을 기피했지만 고령화를 대비해서 다시금 허리띠를 졸라매고 있는 것 같은데요. 일본의 경우에는 저축률이 상당히 낮고 미국, 독일, 프랑스, 스위스 등도 저축을 적게 하는 것으로 유명합니다. 반면에 선진국 대열에 들어선 지 얼마 안 된 중국이나 아직 개발할 곳이 많은 인도는 높은 저축률을 보이고 있습니다.

인플레이션

물가가 오르는 것이 좋을까, 내리는 것이 좋을까?

물가가 지속적으로 상승하는 현상을 '인플레이션'이라고 부릅니다. 아마 청소년 여러분도 책이나 뉴스에서 자주 들어 보았을 것입니다. 그럼 반대로 물가가 지속적으로 하락하는 현상은 뭐라고 부를까요? 예, 다들 잘 알고 있군요. 바로 '디플레이션'이라고 부르지요.

경제가 성장할수록 물가도 상승하는 것이 보통이므로 인플레이션은 호황이라는 뜻으로도 사용합니다. 디플레이션은 반대로 불황이라는 뜻으로 사용되겠군요. 그런데 경우에 따라서는 경제는 불황인데 물가는 상승하는 경우도 있습니다. 이런 현상을 '스태그플레이션'이라고 부릅니다.

그렇다면 인플레이션이 좋을까요, 디플레이션이 좋을까요? 정답은 안타깝게도 없습니다.

이제 경제는 단순히 우리 동네, 우리나라에서만 돌아가는 것이 아니라 세계적으로 연결되어 있기 때문이에요. 또 한국처럼 자원이 없는 나라는 원유 등을 보유한 나라의 경제상황에 민감하게 반응하기 때문에 더 그렇습니다.

과거 원유를 보유한 나라에서 물가가 오르자 덩달아 수출하는 기름 값도 올라서 우리나라가 큰 낭패를 본 적이 있습니다. 기름을 수입해서 자동차도 타고 공장도 돌려야 하는데 재료 가격이 올랐으니 원가가 상승해 수익이 적게 발생했으니까요.

또 디플레이션이 온다면 당장 물가가 내려가서 시장에서 싼값에 물건을 살 수 있지만, 덩달아 어렵게 모아 마련한 집, 차 등의 자산 가격도 내려가 손해를 보는 상황이 벌어질 수 있습니다. 아직 대출금도 다 갚지 못했는데 집값이 크게 하락한다면 너무나 안타까운 일이지요.

가장 무서운 것은 스태그플레이션입니다. 이것은 월급은 그대로인데 물가만 올랐다고 생각하면 돼요. 가장 쉽게 이해되는 것이 2008년에 미국에서 벌어진 금융위기인데요. 일자리는 없어지고 당장 갚아야 할 빚도 있으며 물가는 계속 올라 생필품을 살 수 없는 것을 말합니다. 그때 미국의 많은 사람들이 어려움을 겪었고 학교가 문을 닫는 현상도 벌어졌지요.

물가 상승과 하락, 그리고 세계 경제는 이렇게 어느 한 부분이 좋다고 말할 수 없어요. 말 그대로 여러 나라의 협력과 균형, 지혜가 필요한 일이지요.

은행도 비상금이 필요해!

어른들은 비상금이라는 돈을 마련해 둡니다. 가족 중에 누가 아프거나 사고가 생겼을 때 쓰기 위해서죠. 아마도 청소년 여러분 중에도 가지고 싶은 물건을 사기 위해, 또는 급하게 필요할 때 사용하기 위해 용돈 중 일부를 떼어서 갖고 있는 경우가 있을 거예요. 그런데 은행도 이런 비상금이 있습니다. 그것도 나라에서 운영하는 중앙은행이 정해준 비상금이지요.

은행은 고객이 맡긴 돈을 다른 사람에게 빌려주어서 이자를 받습니다. 그리고 맡긴 사람에게도 일정 부분의 이자를 지급하지요. 그런데 1년간 돈을 맡기겠다고 한 사람이 갑자기 돈이 필요해서 석 달 만에 찾겠다고 할 수 있습니다. 만약, 은행이 그 돈을 다른 고객에게 다 빌려주어서 내줄 것이 없다면 어떻게 될까요? 아마도 은행과 고객 모두 큰 낭패를 겪을 테지요.

이런 상황을 막기 위해서 중앙은행은 시중은행에 지불 준비금이라는 돈을 가지고 있도록 정해주었습니다. 고객이 갑자기 지불을 요구할 때를 대비해 예금의 일부를 준비금으로 가지고 있도록 한 것이지요. 그리고 지불 준비금의 비율을 지불 준비율이라고 부르며 이것은 모든 은행이 똑같지만 상품에 따라(적금, 일반예금) 다르게 비율이 적용됩니다.

그런데 이 지불 준비금으로 중앙은행은 시장의 돈의 양도 조정합니다. 지불 준비율이 높으면 은행이 준비금을 많이 가지고 있어야 하니 시중의 통화량은 줄어듭니다. 반대로 지불 준비율이 낮으면 은행이 준비금을 조금만 가지고 있어도 되니 시중의 통화량은 늘어나겠네요.

통화량의 또 다른 열쇠, 국채!

중앙은행이 통화량을 조절하는 또 다른 방법으로 대표적인 것이 국채입니다. 국채는 나라가 국민에게 돈을 빌리는 채권인데 입찰을 통해서 구입할 수 있으며 국가가 원금을 보장합니다. 중앙은행이 국채를 사고팔면 그 대가로 돈을 주거나 받습니다. 중앙은행이 국채를 많이 사들이면 그 대신 통화, 즉 돈이 시장으로 들어가겠지요. 반대로 중앙은행이 국채를 많이 팔면 돈은 중앙은행으로 들어갈 것이고요. 이런 여러 가지 방법을 이용해 중앙은행은 통화량을 조절한답니다. 그리고 이렇게 중앙은행이 국채 시장에 개입하는 것을 공개 시장 조작이라고 부릅니다.

J-커브 효과

환율이 올랐는데도 수출이 늘지 않으면 어떻게 되나요?

환율이 오르면 우리나라의 상품은 국제시장에서 어떻게 될까요? 가격이 내려갑니다. 그렇다면 싼 가격을 가진 우리나라 상품이 해외에서 더 많이 팔릴 것 같습니다. 더군다나 수출 중심인 우리나라 산업을 생각하면 환율이 오르는 것이 유리할 것 같지요. 그런데 실제로는 그렇지 않은 경우도 종종 생깁니다. 왜 그럴까요?

환율이 올라도 수출이 늘어나는 데에는 시간이 걸리기 때문입니다. 그래서 우리 기업들이 처음에는 손해를 보기도 해요. 환율이 올라서 수출품의 가격은 떨어졌으니 같은 양을 수출해도 돈은 적게 받을 수밖에 없습니다. 또 여기서 원자재의 수입 가격은 올라가니 수익은 더 적어지지요.

여기서 필요한 것이 바로 인내심이에요. 시간이 흐르면 새롭게 생성된 가격이 시장에 반영되기 시작하고 또 합리적인 소비를 하는 새로운 수요가 생겨나면서 수출의 양은 늘어나지요. 따라서 우리 상품의 수출도 그만큼 늘어나게 된답니다. 물론 여기서 뒷받침되어야 할 것이 좋은 제품력이 있어야 할 테지만요.

　조금 어려운 말이지만 이런 현상을 'J-커브 효과'라고 부르기도 합니다. 환율이 오를 때 단기적으로는 국제 수지가 줄어들지만 장기적으로는 다시 늘어나 J자처럼 된다는 뜻이랍니다.

10대를 위한 재미있는 경제 특강

1판 1쇄 발행 2015년 9월 5일
　　　10쇄 발행 2025년 1월 5일

지은이 조준현

출판 브랜드 움직이는서재
주소 서울특별시 영등포구 양산로91 리드원센터 1303호
주문 및 문의 전화 (02)332-5281 | 팩스 (02)332-5283

발행인 주정관
발행처 움직이는서재
출판등록 제2015-000081호

ISBN 979-11-86592-14-4   43320